走进平凉

ZOUJIN PINGLIANG

平凉

魏柏树

编著

甘肃教育出版社

图书在版编目（CIP）数据

走进平凉 / 魏柏树编著. -- 兰州 : 甘肃教育出版社, 2022.5

（走进甘肃旅游文化丛书）

ISBN 978-7-5423-4944-6

Ⅰ. ①走… Ⅱ. ①魏… Ⅲ. ①旅游文化—平凉 Ⅳ. ①F592.742.3

中国版本图书馆CIP数据核字(2021)第013657号

走进平凉

ZOUJIN PINGLIANG

魏柏树　编著

项目策划　薛英昭　刘正东

项目执行　刘正东

责任编辑　秦才郎加

助理编辑　杨增贵

封面设计　MM 末末美书

出　版　甘肃教育出版社

社　址　兰州市读者大道 568 号　730030

网　址　www.gseph.cn　E-mail　gseph@duzhe.cn

电　话　0931-8436489(编辑部)　0931-8773056(发行部)

传　真　0931-8435009

淘宝官方旗舰店　http://shop111038270.taobao.com

发　行　甘肃教育出版社　印　刷　成都市金雅迪彩色印刷有限公司

开　本　880 毫米×1230 毫米　1/32　印　张　8.875　插　页　1　字　数　210 千

版　次　2022 年 5 月第 1 版

印　次　2022 年 5 月第 1 次印刷

印　数　1~2 000

书　号　ISBN 978-7-5423-4944-6　定　价　60.00 元

一路走来，风尘仆仆
不只是看平凉山水，还要寻找一个梦

梦里云乡，陇头月上；伏羲故里，古风荡荡。平凉，总让人充满遐想与向往。因为，这是一个有“道”的地方，一个能圆“好梦”的地方。

平凉，从字面意思理解，似乎有“平坦”的意思，其实一点儿也不平。陇山把平凉一分为二，西部陇中黄土丘陵沟壑区，崇山峻岭，沟深涧大；东部陇东黄土高原，沟壑纵横，山岭起伏。就算爬上西门坡到平凉城里，也一点儿都感觉不到“平”。

平凉是“中央之国”的玄关，是“丝绸之路”的重镇，又当“陇口要冲”，历史上一直烽烟滚滚。

平凉有点“凉”，这是专指夏天。成吉思汗在平凉不远处避暑，现在还叫“凉殿峡”。当年到底有多少兵士在陇山的林子里纳凉，谁也说不清。现在，越来越多的人在酷夏时节赶到平凉，说是“度假消暑”；有的人不分季节年年光顾，说是到平凉“养生”。有人归纳平凉的“凉”是“清”：文化之源清，生态环境清，避暑新地清。正是“凉”字，给人以心态的暗示：来平凉“问道解惑”，可以除去浮躁的心火，变出一种“平常心”；倘“德不配位”而野心太大，想在平凉称王称霸，恐也会变成“一枕槐安”。屈指算来，自有“平凉”一名后，前秦苻登、夏赫连定，还有泾州民陈瞻、万俟丑奴、王庆云、刘伽伦、朱泚，等等，都想称王称帝，结果都是黄粱一梦。

说来有趣，凡具备雄才大略之人，走过平凉便会谱写新的历史，如黄帝、周文王、秦始皇、汉武帝、李世民、左宗棠等；凡有家国情怀之人，沾了平凉山水的灵气，便会生发出千古诗文，如岑参、李商隐、蔡挺、范仲淹、彭泽、马文升、汤显祖、林则徐、谭嗣同等。

平凉的“平”显示在人的气质上，便是“平和”。平凉人不疾不徐，不温不火，有一种悠闲的生活习惯；平凉人崇尚天然、重礼厚义，有一种古朴的处世风格。可是，“崆峒之人尚武”，这可不是武侠小说的夸张，古籍里可以查到。“飞将军”李广，宋代与岳飞齐名的抗金名将吴玠、吴璘、刘锜以及郭浩、曲珍等一大批武将堪称崆峒“剑魂”。“平凉三尺童子，柞木为弓，纫筋为弦，被竹木以为雉羽，而射不避狼虎。才离保姆，已手掣生马鬃，骋乎峻阪兀崖之上以相笑乐”，这是明代人的如实记述。

到了平凉，你就把心放平，每一条自然小道上，都有迷人的表情。平凉寺庙道观不少，没有看见出家人让你进庙叩头烧香许愿的；平凉店铺林立，出出进进熙熙攘攘，没有看见当地人缠磨游客强卖吵闹的。

其实，平凉已不再是平凉人的平凉。走在平凉的街道上，好多外地口音的老人，他们择平凉终老；跑业务搞安装的小伙子，娶平凉媳妇，他们在平凉创业。坐出租遇到“川妹子”，买建材碰上“浙商”，问他们“怎么选择了平凉”，都说“平凉气候好”，又说“这里人杰地灵”。

作家谢有顺游完平凉后这样说道：“很少有这样一座城池，能有如此悠远厚重的文化和漫长壮阔的历史，承载着一个民族如何发生的深沉记忆；也很少有这样一块土地，既拥有雄秀的山川、众多的名胜，又能引得如云的诗人骚客为之吟咏。”

梁衡如是说：“任朝代更迭，王母宫里香火不断，人民企盼的是四时平安；任将来相去，柳湖畔左公柳常绿如烟，百姓记住的是留给了他们多少凉荫。为政之道，平平常常，国富民安；为官之德，平平淡淡，不躁不贪；治世之方，公平公正，同热同凉。”这是目前对“平凉”最好的诠释。

来吧！有缘，到平凉登崆峒山，释放你的压力与困惑，留下你的记忆；有情，去关山观朝那湫，洗去你的不快与烦忧，找回编织了好久的那个梦。

目　录

第一单元

看景也要听景

蚕节纹青玉琮　齐家文化

静宁县治平镇出土。高14.7厘米，宽8.2厘米，射径8.2厘米。青玉，色青绿，方柱形，外方内圆，两端出射，浮雕似蚕节，中孔圆正。质地精良，光洁润泽，纹饰精美，制作精湛，充分体现了齐家文化高超的治玉水平。据目前所知，齐家文化的玉多光素无纹，故此玉尤显珍贵，属齐家文化最具代表性的文物。属国家一级文物。

蒋子龙写《平凉之地》

平凉是“要地”“古地”“圣地”“福地”。他说：“平凉就是剑柄，是蓄力、发力的地方。自古来谁掌握了这把长剑，谁就能控制中原。”

“中国的‘道文化’，始于伏羲画卦，而升华于黄帝问道。道，是中国哲学的思想内核，也是中华文化的根脉，无论是历史逻辑演绎的必然，还是文明进程中的巧合，伏羲画卦和黄帝问道，竟都发生在平凉这片古老而神奇的土地上。”

一、选择来平凉的若干理由

1. 文化遗存众多

平凉是中华民族的重要发祥地之一，早在 30 万年前，人类的祖先就在这块肥沃的黄土地上繁衍生息。约 7800 年前，平凉的先民们就已过着农牧兼营狩猎的生活。这里曾孕育出中华古老的创世神话，燃烧着原始文明的火花。黄帝崆峒问道，王母瑶池宴宾的传说，使这块土地增添了神秘的色彩；公刘耕耘芮鞫，文王西征密须，为这块土地注入了活力。秦皇跸至，汉武登临，唐宗遥拜，宋祖敕封，“一代天骄”成吉思汗，催马扬鞭于陇坂，他们赋予了这块土地新的诗意。

丝绸之路开通后，来往的使节“相望于道”，从事贸易的商人贩客，“日款于塞下”，平凉着实令人向往。公元 376 年，“平凉”之名始见于史册。

世界旅游城市联合会专家魏小安先生2010年7月在“中国·平

平凉市城区新貌

凉崆峒山旅游论坛”上发表演讲时说，平凉“资源丰富，文化凸显”，“道之源、文之根”在平凉。

走进平凉，犹如走进历史文化长廊。境内已发现旧石器时代遗址 12 处，新石器时代遗址 1145 处，仰韶文化、齐家文化、商周文化等文化类型不可移动文物 2252 处。其中全国重点文物保护单位 13 处，省级文物保护单位 64 处，县级文物保护单位 331 处，一般文物点 1844 处，有馆藏文物 45445 件。

平凉的文物涵盖了历史发展的各个时期，地域特色鲜明，文化品位极高。齐家文化“国宝”玉琮、西周铜鼎、汉代圆盘连三釜、北魏千佛碑、唐代舍利石函等均为世所稀有。

2. 风景名胜独特

走进平凉，好像走进一幅山水画中。全市有各类旅游景点100多处，其中国家AAAAA级景区1处，AAAA级景区7处，AAA级景区15处，AA级景区两处。

先看看平凉的名片："中国游客最满意的十大风景名胜区""中国最值得外国人去的50个地方"和全国首批30个"中国旅游文化示范基地"以及"中国优秀旅游城市"等称号。2018年平凉市又荣获"最佳全域旅游目的地"称号。

"道源圣地"崆峒山，既有北方山势之雄，又兼南国山色之秀，烟笼雾锁，曲径通幽，如缥缈仙境；不仅集自然美、历史美、

崆峒云海

人文美于一身，而且有我国高海拔地区典型的丹霞地貌，自古就有“西镇奇观”的美誉。作为帝王，“东登泰山，西上崆峒”，成为一种慑服宇内的象征；作为普通人，探究“仙山”神秘以满足一种好奇。广成子隐居崆峒石室修道；秦始皇登上崆峒山，发出“西来第一山”的感叹；汉武帝多次登临，不只是为了“长生”，他们都是在悟道。

崆峒山被历史文化浸润和滋养，更加富有诗情画意，引得文人墨客竞相赞誉。自然与人文的完美结合，让其戴上“国家重点风景名胜区”“国家 AAAAA 级旅游景区”“国家地质公园”“国家级自然保护区”“中国旅游文化示范地”“中国十大道教文化旅游胜地”“中国最美的十大宗教名山”等 10 多顶桂冠。

有人发问，“作为中国道教发源地的崆峒山，以及整个深深植根于华夏文明的平凉，究竟蕴藏着多少中华文化最古老的‘基因密码’”？只有到了平凉，你才能慢慢体味。

3.“人文始祖”诞生地

在中国历史上,有个“三迁”而不改名的地名就是“成纪”。“三皇”之首的伏羲和“炼石补天”的女娲，相传均诞生于成纪，他们开天辟地，化育万物，造器具、制礼仪，又类万物之情治理天下；他们是龙的传人，是中华民族心智的启蒙者，是人类从原始状态步入文明时代的探路人，他们使这块土地发出熠熠灵光。秦汉时置成纪县，唐开元二十二年（734）由于地震徙出。最早记述成纪地理位置的是北魏郦道元《水经注·渭水》：“……长离水，右与成纪水合。水导源西北当亭川，东流出破石峡，津流遂断。故渎东迳成纪县故城东，帝

伏羲圣像

太皞庖牺所生之处也。”《中国历史地名大辞典》中记载：“成纪县，西汉置，属天水郡。治所在今甘肃省静宁县西南，南河西岸。”

4.“王母娘娘”降生地

泾川回山王母宫，从地理位置、遗存及当地民俗信仰等方面考察，是古西王母部族生息之地和祖庙所在。晚唐诗人李商隐在诗中写道：“瑶池阿母绮窗开，黄竹歌声动地哀。八骏日行三万里，穆王何事不重来。”西王母瑶池宴请周穆王，这是西部民族和东部中原民族和睦相处的写照。《太平广记》这样描述西王母：“修短得中，天姿掩蔼，容颜绝世。”《古今图书集成》“平凉府古迹考”记：“回中山，在州西三里，脉自昆仑来，上有王母宫，下临泾水，一名宫山。周穆王、汉武帝尝至此。”

回山

在全国所有西王母庙会中，泾川西王母庙会最早，规模最大，西王母信俗被称为“文化的活化石”。2008 年 6 月，泾川西王母信俗被列入《第二批国家级非物质文化遗产名录》。自 2013 年开始，每年农历七月十八“西王母诞辰日”，都要举行以“两岸同根同源、共祭华夏母亲”为主题的交流活动。届时，来自海峡两岸的社会各界代表在泾川祭拜华夏母亲。2015 年 6 月，泾川王母宫被中共中央台湾工作办公室、国务院台湾事务办公室联合授予“海峡两岸交流基地”之称号。泾川县城西回山，相传为西王母（俗称“王母娘娘”）降生地。

5.“针灸鼻祖”的故里

在中国历史人物中，皇甫谧的名字熠熠生辉，一部《针灸甲乙经》让他走向了世界，中国老百姓称其为“中医针灸学之祖”，日本医学界把他奉为“针神”。日本法令《大宝律令》明确规定《针灸甲乙经》为行医者必读的参考书之一。

皇甫谧，安定朝那（今甘肃省灵台县）人。一生以著述为业，后得风痹疾，犹手不释卷。晋武帝时累征不就，曾为躲宣召到了崆峒山、书台山隐居。他上疏自称草莽，不愿做官，只向皇帝借书。武帝见他辞切言至，很有诚意，赐书一车。“谧虽羸疾，而披阅不怠”，

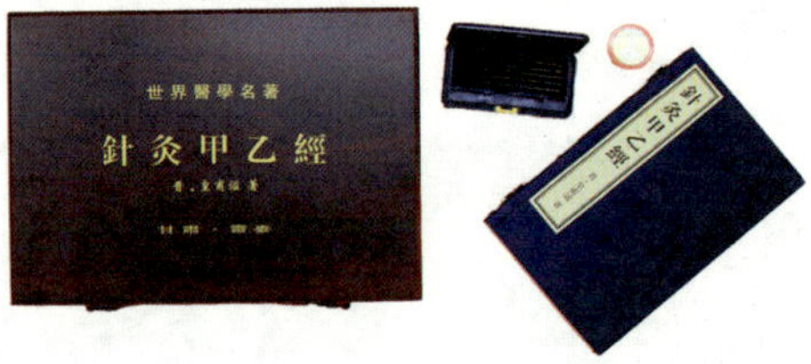

皇甫谧《针灸甲乙经》

遂有《帝王世纪》《高士传》《逸士传》《列女传》及《玄晏春秋》等著述传世。

6. 红军长征中的“领袖驻地”

1935 年 10 月至 1936 年 10 月，毛泽东、张闻天、周恩来、博古、王稼祥等中国共产党和红军领导人，开国十大元帅中的朱德、彭德怀、林彪、刘伯承、贺龙、罗荣桓、徐向前、聂荣臻、叶剑英等 9 位元帅，十大大将中的徐海东、黄克诚、陈赓、谭政、肖劲光、张云逸、罗瑞卿、王树声等 8 位大将，57 位上将中的杨勇、杨成武等 47 名上将以及 161 名中将、千余名少将，都曾在静宁宿营或战斗，留下了光辉的革命足迹 。

静宁界石铺是红军长征中一个重要的集结点，是红军三大主力会师部队联络的重要枢纽和穿插通道，也是中共中央战略部署中确定的红军三大主力会师的“中心基点”。

7. 甘肃省的“东大门”

平凉处在西安、兰州、银川三大城市之间的几何中心，是欧亚大陆桥第二通道的重要中转站。横跨关山，襟带泾水，外阻河朔，内当陇口。东界咸阳，西连定西、白银；北靠固原，南面宝鸡、天水，是“屏障三秦、控驭五原”的重镇，自古以来便是兵家必争之地。商代在此曾建芮、密、阮、共等方国，西周初因之。秦惠文王时，在境内置乌氏县。秦势力不断扩张，平凉分属陇西、北地两郡，举世闻名的长城就筑在境西成纪故土。汉代，平凉已置鹑觚、阴密、街泉、成纪、阿阳、泾阳、临泾、安定、爰得等 10 个县。隋唐以降，建道、州，立府、县，素为朝廷所倚重。陕西辖时，史称“西出长安第一城”。康熙八年（1669）平凉改属甘肃布政使司后，成为甘肃的“东大门”。

门里门外，风景不同。到平凉你会看到另一个天地，感受到另一种文化。

8. 全省“第一大煤田”

古代平凉“气候温润，森林茂密”。商代以来，人们凭借这里优越的自然条件，重点发展畜牧业。秦汉时，养马业之盛，前所未有，“众庶街巷有马，阡陌之间成群”。唐贞观二十年（646），唐太宗越陇山，抵南使所属之瓦亭“观马政”。宋代，德顺军、渭州已属茶马互市的中心地带。明代平凉一带可以看到“马牛夜牧，道不亡失”。天地孕育，造化钟情，让平凉地下蕴含了储量可观的煤、铁、铜、石灰石等 10 多种矿藏资源，而地下的煤含量极其丰富，特别是华亭煤田，是鄂尔多斯聚煤盆地中煤层最厚的地段。1958 年至 1990 年的煤田地质勘探，累计探明煤炭储量总面积约 150 平方千米，是甘肃省第一大煤田，煤层平均厚度达 28.7 米，探明总储量 34.7 亿吨，且煤质优良，具有高活性、高发热量、低灰、低硫、低熔点的特性，不仅是优质动力用煤，而且也是目前中国最好的气化用煤。华亭煤业集团有限责任公司注册的“桦亭”“砚北”牌天然洁净煤享誉全国,深受广大用户青睐。

9.“中国苹果之乡”

平凉是农业农村部划定的全国苹果生产最佳适宜区,其纬度、

静宁苹果

海拔、气温、昼夜温差、降水量以及年平均日照时数等条件非常适宜果品生产。

2006 年，平凉市注册了中国第一个苹果类证明商标——“平凉金果”。平凉金果外形美观、肉质细嫩、酸甜爽口、香味浓郁、风味独特、货架期长、营养丰富，先后取得了“绿色产品”“中国驰名商标”和“最受消费者喜爱的中国农产品区域公用品牌”等荣誉。同年 12 月，国家质检总局批准对“平凉金果”实施地理标志产品保护。

“平凉金果”以静宁红富士系列苹果为代表。经济学家马光远说，静宁苹果是“世界第四，中国第一”。静宁苹果获得了 4 张国家级名片和“中华名果”等 13 项大奖，静宁县也被国家林业和草原局命名为“中国苹果之乡”，“静宁苹果”进入首批中国

明代戴进《洞天问道图》

画面左侧峰峦突起，直入云霄；右侧古松茂蔚，老干虬枝。山谷险道上，身着衮服的黄帝孤身赴崆峒山向广成子问道。深山大川、弥散的云气、激荡的水流，一种神秘幽渺之感，将人引入仙境。

100个地理标志受欧盟保护名单。

中秋前后到平凉，便能品尝到新鲜的苹果。秋末时节去果园摘苹果，已成为当地特有的一种消遣休闲方式。

10. 神州“养生第一地”

广成子传授给黄帝的精髓是“养生之道”，养生文化的“根”在平凉。有人总结，平凉“山水养生，森林养眼，宗教养心，修炼养气，文化养神，运动养性，物产养形，气候养颜，生活养情”。

平凉土质好。小麦、玉米、洋芋、谷物样样种，党参、黄芪、甘草、冬花等150多种中药材遍地栽，山药、百合、蕨菜等特色农产品随便种，看看招牌：“甘肃主要农林产品生产基地”“西北重要畜牧业基地和中药材产地”“全国苹果最佳适生区”，等等。

平凉气候好。年平均气温仅为7.3℃~10.1℃，海拔为890

米 ~2857 米，年平均降水量为 449 毫米 ~618 毫米，年平均日照总时数为 2144 小时 ~2380 小时，无霜期为 156 天 ~188 天。即使在盛夏的 7 月，平凉的平均气温也为 21.8℃，8 月的平均气温为 20.3℃。可以说是“四季分明，光照充足”，“冬无严寒、夏无酷暑、空气清新、环境宜人”。崆峒山夏季日间温度约为 20℃，夜晚不到 10℃，在这里晚上得盖上棉被睡觉。

平凉生态好。全市植被覆盖率高，境内天然林面积为 3.8 万公顷，森林覆盖率达到 22.3%。这些森林植被对美化环境、净化

崆峒山老君楼彩画“老子八十一化”之住崆峒

空气具有重要作用。

平凉的水好。据专家测定，崆峒山岩石中流出的“矿泉水”可以直接饮用。泾川温泉的水，含有13种有益于人体的活性微量元素，属氟离子重碳酸钠型医用矿泉水。

目前,平凉正在打造“理念养生”“美食养生”“运动养生”“国医养生”“温泉养生”“氧吧养生”等6张名片。

【故事新说】黄帝与广成子在崆峒山的对话　中国有文字记载的历史传说中，第一位向仙人求道的故事，就与平凉崆峒山有关。在《庄子·在宥》中，有一段黄帝向广成子问道的故事：相传黄帝被立为天子第十九年，诏令已经能通行全国，听说广成子隐居在崆峒山，就前往拜见他，说：“我听说您已通达天地人万事万物的‘至道’，我不揣冒昧地想请教您‘至道’的精髓。我想得到天地之精华，来帮助农业生产，使五谷丰登，从而养育人民。我又想能像掌管黑夜白昼阴阳变化那样，来满足所有生民的愿望，让他们安居乐业，我该怎么办才好呢？”广成子说：“你所想问的，是万物的本质，你所想要具备的是像治理天下那样设官分职来管理自然，那是万物的渣滓。你想想：自从你当上首领设官分职，就好像天上的云气还没有等到聚集就下雨，草木还没等到叶子枯黄，果实已经坠落，连太阳、月亮也因你治国理政的功绩而缺少光辉，你以智巧狭隘的世俗之见问我，我又怎么能够与你谈论宇宙天地万物的奥秘呢！”黄帝听后恭恭敬敬地退下，把治国理政的大事暂时放在一边，修建了一间静室，以洁净的白茅做了垫子坐在上面，一个人安安静静地居住了三个月后，身心变得脱俗自然，之后他再次拜见广成子……

“道之高者，莫若广成”，广成通天地之大道，道法自然；“人之圣者，莫若轩黄”，黄帝崆峒之行，问道而得道。他顺天应人，推算历法、播种五谷，兴文字、制乐器、创医学，明白了治国之大道。

11.“中国梯田化模范县”

千百年来，人类依赖大自然的赐予而生存、繁衍、发展。但是，人类又无休止、无限制地向大自然索取，以牺牲生态为代价的开发，导致森林消减，水土流失，生态失衡，人民生活趋于贫困。明代“全陕寒薄之处，平凉为最。而平凉县之属，庄浪尤甚……田不川，山不林木，雨少则旱，雨多则寒。一遇旱霜，秋禾尽萎，果菜桑麻，皆非所产”。直到20世纪60年代，庄浪人克服重重困难，开始修成梯田，至2005年底，全县水平梯田累计达到98.6万亩，占耕地总面积的95.3%。累计投入劳动力5670万人次，移动土石方2.76亿立方米，若堆成一米见方的土墙可绕地球6圈半。

庄浪梯田

1998年，水利部授予庄浪县“中国梯田化模范县”的荣誉称号。

从此以后，种粮食的梯田成为游客留影时的背景。刚进入5月，人们就开始在宁静而美丽的“梯田王国”行走。连绵起伏的山峦，一层层被精雕细刻的梯田，让人产生无尽的遐想与回忆，更让人充满希望和力量。梯田是一段历史，是一代人的记忆，是一座丰碑，是一种精神，现在，它又变成了一处风景。

外国专家情不自禁地称赞道：“这是庄浪人民在黄土高原上精心描绘的一幅景色迷人的风景画，简直是世界奇迹！”

12.“华夏古槐王”的生长地

到了平凉，许多人不顾疲劳要跑到崇信县铜城乡关河村，去看一棵古槐树，抱抱它，与树合个影；有许多文人寻访它，默默地跟它对话，似乎在寻求一种灵感。著名作家刘醒龙在《树大山河远》中写道：“一棵树生长得久了，便有些哲学意味。信或不信，人是树的命运，树也是人的命运。去平凉的路上，每隔一阵，就会有人提起那棵树。”“平凉那棵树，仅次于天下第一的轩辕庙内轩辕黄帝亲手所植轩辕柏，又仅仅次于天下第二的浮来山定林寺内那棵银杏树。在 5000 年的轩辕柏和 4000 年的定林银杏面前，3200 年的平凉国槐，虽然贵为天下第三大树，却能与周遭的山林结结实实地合为一幅原野宏图。”

“华夏古槐王”

13. 全国唯一的“平凉红牛”商标

自古以来，平凉的畜牧业得天独厚。《史记·秦始皇本纪》记载，乌氏倮从事畜牧业生产，养了大量的牛羊，他将牛羊换成珍奇异宝，献给戎王，戎王以10倍价格的物品赏赐于他，结果乌氏倮成为当时全国有名的富商。秦始皇闻讯后，给他“封君”一样的待遇，可与朝臣一起朝觐皇帝。后来，养牛成为平凉的传统；再后来，人们将养殖的重点转向了养马。从唐代“置八坊”到明代置陕西行太仆寺、苑马寺于平凉，平凉真正成为国家的养马基地。中华人民共和国成立后，养牛业成为平凉农村养殖业的重要支柱产业。随着市场经济体制的建立，平凉养牛业加速由役用向肉用方向发展转型，建立了甘肃省第一个肉牛生产基地。近年来，“平凉红牛”脱颖而出。“平凉红牛”是分布于陇东黄土高原特殊的自然环境和气候条件下，经过几千年农耕文明的发展，被当地世代农民长期繁育、改良的本土牛品种，也包括当地秦川牛在内的各种杂交牛。2008年3月，“平凉红牛”证明商标被国家商标局核准发放商标注册证，这是中国第一个活牛证明商标。

【地名由来】“平凉”名字的由来　“平凉”这个名字，看似平常，其实是伴着胜利的喜悦诞生的。前秦苻坚在公元376年平定前凉之后，设置“平凉郡”，取“平定凉国”之意，平凉因此见于史册。

然而清人徐文范《东晋南北朝舆地表》卷三记载：

平凉红牛

永兴二年（358），“置赵平郡于鹑觚，平凉郡于高平镇，长城郡于上郡之长城原”。于是，近人喜欢采用这一时间，但没有人进一步考证。

《东晋南北朝舆地表》在建元元年（365）总写雍州20郡时，根本就没有“平凉郡”，恰在建元十二年（376）“平凉以梁熙为刺史，镇之”，“平凉”二字又出现了。平凉郡首位刺史本姓金，徐文范误作“梁”，在本书《州郡表》中才改成“金”，太疏忽大意了。建平凉郡7年无端消失，未交代原因；17年后又出现，而不交代怎么来的。卷十又自相矛盾地记道，永兴三年（359）“文帝改平原置平凉郡”。

通过大量史料反复论证，最后在《平凉地区志》总纂时，平凉的创始年代才改为公元376年这一正确说法。理由有三：其一，苻坚在平定反复无常的张平发动的叛乱后，从巩固其统治地位着眼，对内对外彰显国家实力，于是战争结束后立即置赵平郡；后来，平定前凉后置平凉郡，既有舒展胸臆之快，又向仅存的对手东晋示强，含震慑之意。其二，在《东晋南北朝舆地表》之前，有大量史志已采用建元年间的说法。其三，这一年开始，平凉才有刺史金熙的任职，此可作为旁证。

所以，没有苻坚，就没有平凉。有平凉，当从公元376年开始。

二、平凉见面熟

1.政区人口

平凉市位于甘肃省东部，北纬34° 54′ ~35° 45′，东经105° 20′ ~107° 57′，海拔在890米~2857米。依陇山，傍泾渭，亘秦陇之间，踞丝绸古道。西距省会兰州327千米，东距西安303千米，北距银川430千米，距北京1555千米。

2021年，全市辖华亭市及泾川、灵台、崇信、庄浪、静宁5县和崆峒区，总面积1.12万平方千米，总人口184.86万人，有汉、回、满等 30 多个民族。

2. 地理山川

平凉在西北高原的中部地带，六盘山山脉及陇山等支脉自中部凸起，形成一条天然的地理分界线，西部庄浪、静宁两县习惯被称为“山那边”，属陇中黄土丘陵沟壑区，为渭河流域的葫芦河上游，海拔 1340 米 ~2857.5 米。东部崆峒、泾川、灵台、崇信、华亭 5 县（区）是“山这边”，属陇东黄土高原沟壑区，海拔 890 米 ~2748 米。这正是所谓“胡焕庸线”的分隔。“山这边”土地的自然生产力高，能养活更多的人，聚积着更多的财富；“山那边”土地的自然承载力弱，人们只能生存在极少数适宜人居的地方。 山川不同，秉性各异。多少年来，“山那边”的人民在饥饿线上挣扎，人们养成了“吃苦耐劳”的性格。一边修梯田，改变山河,一边勒紧裤腰带供娃娃上学;“山这边”塬平川沃,“旱码头”商贸繁荣，人们惯于经商做生意，养成“精明灵活”的习性，“小富即安”优哉游哉。“三十年河东,三十年河西”。苹果映红了“山那边”，“山这边”的人瞅着“山那边”人的钱袋子有点鼓，下牛劲养牛，日子也一天比一天牛了。312 国道将六盘山打开一个洞，依旧是“东边日出西边雨”，但两边的人们早已交织在一起，看不到“山”的影子。

3. 历史人文

平凉的历史，纵向往深处看，充满了神奇；横向往近处看，充满了神秘。1974 年，泾川县泾明乡发现的古人类头盖骨化石，

关山秋色

经中国科学院古脊椎动物与古人类研究所鉴定，证实为古人类化石，距今 3 万至 5 万年，该化石被命名为“泾川人”。从伏羲画卦到黄帝问道，华夏文明的“根”在平凉。

夏代，境内陇山以东为獯鬻居地，以西为昆夷居地。商周时期，辖境属周人和猃狁之地。西周初，密、阮、共等方国归顺周。周灭密筑灵台，公刘“务耕种，行地宜”，陇东成为我国农业起源最早的地区之一。

春秋时期辖境为乌氏与羌戎属地。战国秦惠文王更元六年（前 319）置乌氏县，这是平凉地区最早的县。乌氏倮与戎王交换牛羊，戎王以丝绸向中亚、西亚、罗马人交换黄金，在丝绸之路开通前，丝绸贸易通过乌氏倮最先联通。秦昭襄王三十五年（前

272）,秦灭义渠,置北地郡。秦筑长城经今静宁西北,长约62千米。秦始皇统一天下后，曾过回中登崆峒山，在“莲花台”祭祀。

汉武帝元鼎三年（前114），分北地郡置安定郡（治今宁夏固原），析陇西郡置天水郡（治今通渭）。陇山以东各县，属于安定郡；陇山以西今静宁、庄浪县境为天水郡所辖。这一时期，民族间征战不息，成纪李广以良家子从军击匈奴，李蔡位居丞相，李氏家族兴起，影响中国历史约千年。

东汉，顺帝永建四年（129）九月，安定郡迁治于临泾（今泾川县城西北水泉寺），原高平县也迁至今泾川县境内。是年，废泾阳入朝那。乌支侨置于今泾川县东。朝那县由今彭阳县地迁至郡治临泾一带。三水县侨置于今灵台县梁原乡境内。

这一时期，安定梁氏集团突起，先后有七侯、三皇后、六贵人、

“泾川人”头盖骨化石

秦代茧形壶

西周双龙耳铜簋

两大将军，对东汉中央政权产生了重大影响。特别是梁鹄的“八分体”书法,影响千秋万代。安定郡是朝那皇甫氏的郡望,皇甫棱、皇甫规都曾任度辽将军，皇甫旗、皇甫嵩及后世的皇甫重、皇甫真等都是全国名人。

三国魏晋南北朝时，今辖区先属魏国雍州，后由前赵（汉）、后赵、前秦、后秦、大夏统辖，再后属于北魏、西魏和北周。今静宁曾一度受西秦、前凉所辖。

这一时期，安定乌氏（今甘肃平凉西）人张轨创建前凉。张轨坐镇河西 13 年，传 9 世。前秦建元十二年（376）灭前凉，置平凉郡。10 年后,略阳(今甘肃庄浪)人吕光在姑臧(今甘肃武威)建立后凉，后改大凉。成纪李暠创建西凉，存约 20 年时间，被北凉所灭。

十六国时期夏国胜光二年（429），于今平凉市东境置平原郡，阴盘县由今陕西临潼迁至今平凉四十里铺镇曹湾村，郡、县

隋代铜虎符

治于一地。北魏永平二年（509），泾州沙门刘惠汪起事。永平三年（510）泾州刺史奚康生前往镇压，并监造南石窟寺。

北魏建明元年（530）七月，尔朱天光率军攻破水洛城，俘获王庆云、万俟道洛，坑其部众1.7万人。北周武帝建德元年（572），新置平凉县（治阳晋川）。安定（今平凉泾川县城北）成为胡姓著名郡望。期间“安定临泾胡氏10多人位至将军、太守、刺史、三公九卿，还出了两位皇太后、皇后”，“由此，胡氏名闻天下，代代相续。后世的胡氏子孙，往往归宗于安定，安定胡氏成为胡氏中最显达、最庞大的一支”。魏晋年间皇甫谧“屡诏不仕”。

隋开皇三年（583）罢安定郡，以县属泾州。隋炀帝大业元年（605）曾析鹑觚置灵台县。是年，置华亭县。成纪李氏的后裔李渊于618年建立唐朝，唐开元二十二年（734）成纪县地震，县治由今静宁治平迁至显亲川。贞元四年（788）四月，陇右节度使李元谅筑良原城，复筑潘原城，新筑崇信城，置崇信军。贞元

仰韶文化庙底沟类型　禾苗纹彩陶曲腹盆

十九年（803）四月，迁行原州于平凉。宪宗元和四年（809）以原州之平凉县置行渭州，行原州移治临泾，平凉县废。中和四年（884）改行渭州为渭州。

这一时期重要的政治事件有：秦王李世民西征至泾州一带，取得胜利；至德元年（756）六月“安史之乱”后，太子李亨经安定、乌氏至平凉，隐于龙隐寺，招兵买马；贞元三年（787）闰五月，唐与吐蕃会盟于平凉，吐蕃伏兵劫盟；贞元七年（791）二月，刘昌修筑平凉城，分兵扼守弹筝峡口。经贸方面，贞观十五年（641）置陇右牧，跨陇右、平凉等4郡之地。玄宗开元十九年（731）泾、宁、岐等地设八马坊。明宗天成四年（929）四月，后唐在泾州置市，同党项交换马。

这一时期政坛上，鹑觚牛氏满门显贵，荣耀一时。牛仙客曾任工部尚书、兵部尚书、宰相之职。牛僧孺曾任御史中丞、兵部尚书、宰相等职。文坛值得炫耀的是安定梁肃，贞元五年（789），

西周夔纹铜鼎

召为监察御史，转右补阙、翰林学士、皇太子诸王侍读、史馆修撰，名动天下。

宋太祖乾德元年（963），置崇信县，真宗咸平四年（1001）设长武县，治长武寨（今泾川县泾明乡）。大中祥符年间，曹玮收复陇山西境，于今静宁城南置静边寨，今庄浪、静宁县境纳入宋之版图。仁宗庆历三年（1043），置德顺军于陇干城（治今宁夏隆德县西境）。哲宗元祐八年（1093），德顺军移至外底堡（今静宁县城），并置陇干县。徽宗政和七年（1117），有平凉军节度后。今静宁、庄浪县境开始与今平凉、泾川、华亭、崇信、灵台成为一个政区。

金在平凉曾设元帅府和行省。太宗天会九年（1131）改渭州为平凉府。熙宗天眷二年（1139）宋金议和，复改称渭州，世宗

西周鼎

大定二十七年（1187）升渭州为平凉府，治平凉。海陵王天德二年（1150）置陕西西路转运司和陕西东路及西路提刑司于平凉，宣宗兴定三年（1219）金于平凉设元帅府，选精兵6万驻守，此乃历史上在平凉设置的最高行政军事机构。蒙古太宗二年(1230)，在今庄浪县境设庄浪路。

宋金时期的经济，主要的有真宗咸平元年（998）十一月，渭、泾等州置估马司，岁得5000余匹，以布帛、茶等物给其值。仁宗天圣四年（1026）尚书省在平凉设官交子库，发行上京交钞（又称渭州交钞）。庆历三年（1043）刘沪扩筑水洛城。庆历四年（1044），陕西曹臣张奎采义州黄铜，置博济监（崇信县铜城）。嘉祐五年（1060）八月，在原、渭等州置场市马，以解盐交引募蕃商良马。哲宗元祐八年（1093）知渭州刘昌祚招募弓箭手5000

人，进行屯田，“德顺军所募尤劲勇”。天德三年（1151）四月，开通六盘山、水洛大道。军事方面，南宋绍兴三十二年（1162）四月，宋廷招吴璘班师，金人乘机袭其后，将卒死亡3.3万余人。

这一时期，今静宁、庄浪大地，武将辈出，英雄崛起，除吴氏一门外，刘锜、曲珍、郭成、郭浩、姚仲等齐心协力，共同撑起大宋江山。

元代，成宗大德八年（1304），庄浪路降为庄浪州。至正二十年（1360）元将李思齐部下袁亨修扩、改建平凉城为南北二城。

这一时期，泾州闾氏再度兴起。闾仲贤，进士，曾任延安知府。闾卜花，进士，曾任监察御史。直到明代闾钲，官至从二品。

明洪武六年（1373），总兵官平凉侯费聚筑改平凉城为东西二城。二十四年（1391）四月，朱元璋封其第二十二子朱楹为安王，在平凉建安王府。三十年（1397）正月，置陕西行太仆寺于

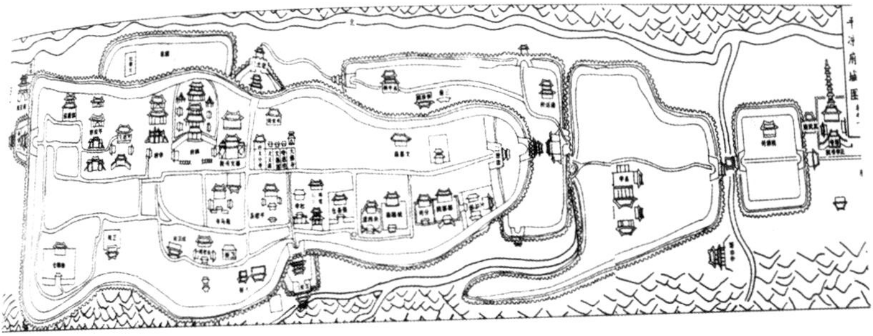

明代平凉府城图

平凉，管理西安等 28 卫所、清水等 74 营堡马政。成祖永乐六年（1408）八月二十一日，置陕西苑马寺于平凉，管理 6 监 24 苑养马业。宣德九年（1434）十月，罢陕西马市，以平凉、甘肃二苑马寺牧养军马。成化十四年（1478），静宁知州祝祥以屯地引水溉田，此为平凉的水利建设之始。嘉靖三十九年（1560）赵时春编纂成《平凉府志》。明代平凉文武进士 22 人，当数赵时春全国有名。同时代的文学家李开先赞其“诗有秦声，文有汉骨”，为明代嘉靖八大才子之一。思想家李贽称“说者以为有司马子长、李太白之风，不虚也！荆川唐公（顺之）于文士鲜所称许，尝有言曰：‘宋有欧苏，明有王赵’”。

战国触角式铜剑

清康熙三年（1664），裁撤平凉的陕西行太仆寺、苑马寺。八年（1669），平凉府改属甘肃布政使司。十三年（1674）十二月，驻平凉的陕西提督王辅臣发动兵变，响应吴三桂反清。十五年（1676）六月，王辅臣降，献军民册和吴三桂所授平远大将军印、陕西东路总管将军印各 1 枚。乾隆四十六年（1781），甘肃省官员贪污侵吞赈灾荒银大案被查获，涉及泾州知州陈常，平凉知县赵阮林、沈泰，灵台知县顾汝衡，庄浪县丞闵焜，均被正法处死；华亭知县蒲兰馨、盐茶厅同知李本楠、庄浪县丞麻宸均免死发遣黑龙江；平凉知府彭永安被革职查抄，追罚银两；已故泾州知州张何衡、博赫，崇信知县华廷飏被查抄。同治八年（1869）五月，左宗棠驻节泾州，十一月，驻平凉，接陕甘总督印。左宗棠筑坝引泾水，修复郑白渠。开挖湟渠，并沿泾州至玉门大道植树，后称“左公柳”。十年七月，左宗棠率亲兵由平凉进驻静宁。二十九日取道会宁西进。

西周㶉伯铜提梁卣

清代在全国闻名的平凉籍人物是康熙年间静宁的慕天颜，他是顺治十二年进士，授浙江钱塘知县。康熙年间历任江苏布政使、江宁巡抚，终漕运总督。

民国时期，甘肃省于1947年2月厘定平凉为一等县，泾川为二等县，庄浪、静宁、灵台为三等县，华亭为四等县，崇信为五等县。军阀混战、土匪围城、中共地下党组织建立、国民党“剿共”、抗日战争活动等大事发生。而在1935年、1936年，红军长征过静宁以及红军一、二、四方面军主力在会宁、静宁会师，这一切都是中国历史上的重大事件。1939年、1944年，日本飞机多次轰炸平凉城，犯下滔天罪行。实业发展方面则有：1918年，静宁县绅商合股创办中和火柴公司；1923年，修筑榆中至平凉公路等。

左宗棠题“柳湖”南门

1949 年 7 月 24 日至 8 月 6 日，灵台、崇信 、泾川、华亭、平凉、庄浪、静宁相继解放。10 月 1 日 ，中华人民共和国成立；10 月 7 日，平凉党政军民数万人在北校场（今文化街北）隆重集会庆祝。2002 年 6 月，撤销平凉地区和县级平凉市，设地级平凉市和县级崆峒区。

三、名胜古迹点将台

1. 崆峒山。

游览指数★★★★★　推荐指数★★★★★

2. 泾川大云寺·王母宫，庄浪云崖寺、朝那湫，崇信龙泉寺、“华夏槐王”，华亭莲花台，灵台古灵台荆山森林公园。

游览指数★★★★　推荐指数★★★★

3. 南山生态公园、柳湖公园、龙隐寺、平凉市博物馆，华亭米家沟、莲花湖、双凤山，静宁成纪文化城、界石铺红军长征纪念园，庄浪紫荆山，泾川田家沟、锦绣凤凰旅游景区、白家民俗文化景区、郑家沟。

游览指数★★★　推荐指数★★★

4. 庄浪赵墩梯田生态景区、陈家洞、庄浪县博物馆，崆峒区博物馆、香山道文化博物馆、太统山、宝塔博览园、广成大酒店，静宁县博物馆、文庙，灵台县博物馆，泾川县博物馆，华亭市博

霞光道气

金庸崆峒山题字碑

物馆，崇信县博物馆。

游览指数★★　推荐指数★★

5. 崆峒问道驿站、泾河风情线，静宁西岭公园、珍珠林、成纪故城遗址，华亭石拱寺石窟。

游览指数★　推荐指数★

【闲话闲说】旧志“八景”　各地的旧志总结了“十景”“八景”，而美景随着时间的推移而发生了变化，一些依旧在，一些已消失，一些因行政区划变动而转移。平凉八景：崆峒晓翠、泾渡石虹、龙泉滴珠、太统屯云、天台夜月、柳湖晴雪、泾谷烟村、槐荫塔影。现在看，除“崆峒晓翠”“太统屯云”“槐荫塔影”“柳湖晴雪”及龙隐寺的“龙泉滴珠”可以保留外，其他如“泾渡石虹”被“泾河风情”代替，南山“泾谷流翠”代替了“泾谷烟村”，崆峒的“天台夜月”似乎被新的“广场歌舞”所代替。另外，“烟雨柳湖”很迷人，但多数人不去体会，也难成大家眼中的美景。华亭八景：双峰叠翠、古塔悬燕、仪山积雪、汭水萦流、莲台晚照、黑湫烟树、金峡弹筝、泾河晓月。“黑湫烟树”已归庄浪景色。泾川八景：瑶池夜月、宫山晓钟、汭干晚渡、高峰春雨、泾水秋风、共池涌碧、古柏垂青、百泉漱玉，也逐渐被大云寺等更美的景色所代替。崇信八景：五龙捧圣、河潭日出、双堠仙冢、尖山圣盖、隍地古槐、鼓台夜月、龙泉瀑布、悬崖古柏。灵台八景：荆山日丽、仙洞云深、孤峰夕照、达水丁流、书台月朗、别墅烟浓、密城秋望、瀑布春融。庄浪八景：杏岗晚照、山寺春游、笔架晴岚、屏风烟雨、石峡夜月、麻叉丹枫、清土效灵、盘龙积雪。静宁八景：烽台远眺、石门秋月、主山名胜、西岩积雪、威戎涌泉、军寨春耕、屯野夏牧、水洛横烟。“石门秋月”“主山名胜”“水洛横烟”已划归庄浪。现在，美景增多，人们似乎不再刻意总结“八景”“十景”了。

四、规划行程和行前参考

为了使旅行愉快且有收获，必须提前有所规划，以免乘兴而去，扫兴而归。

道契崆峒

首先，确定是徒步还是驾车、骑行，才能有不同的考虑和安排；其次，日程计划，确定重点，才能有合理的旅程设计；第三，必带的衣物、常服药物、洗漱用品的准备，但尽量轻装上阵。另外提醒：提前了解目的地的基本情况及气候特点，利用各地门户网站，掌握风土人情、土特产及习俗。

只要点“平凉在线”或“甘肃旅游”或“马蜂窝”等网站即可。还有联系电话：0931-8873901，旅游投诉电话：0931-8826860也得记住。

吃在平凉，多打听，天南海北的味儿都有。

住在平凉，很舒服，价格比别的地方略低。

一日游行程

一日游，时间短，崆峒山必游。旅游线路共有6条。

线路一：从崆峒古镇乘坐景区专线车至中台，经朝天门、上天梯、三教洞、皇城、子孙宫至香山、通天桥，游览后返回皇城，沿雷声峰方向返回中台，再游览佛教寺院，乘坐索道下山，返回崆峒古镇，约需5小时。

线路二：从崆峒古镇乘坐景区专线车至崆峒山索道下车，乘坐索道至三教禅林，先游览佛教寺院，再游览朝天门、药王洞、上天梯、三角洞等景点，到达主峰皇城后沿雷声峰方向返回中台，乘坐景区专线车返回崆峒古镇，约需要4小时。

线路三：从弹筝湖乘船至王母宫，经月石峡步行上山至中台（大约需要1小时），先游览佛教寺院，再游览朝天门、药王洞、

云崖寺之秋千架

上天梯、三角洞等景点，到达主峰皇城后，沿雷声峰方向返回中台，乘坐景区专线车返回崆峒古镇。

线路四：从后山步行，经凤凰岭至中台（大约需要 1 小时），经朝天门、上天梯、三教洞、皇城、子孙宫，后沿雷声峰方向返回中台，再游览佛教寺院，乘坐索道下山，返回崆峒古镇。

线路五：从崆峒古镇乘坐景区专线车至中台，先游览佛教寺院，再经朝天门、上天梯、三教洞、皇城、子孙宫至香山、通天桥，游览后返回皇城，后沿雷声峰方向返回朝天门，步行至八仙台路

口，感受“西北第一滑”带来的欢乐和刺激，滑至王母宫；再换乘游艇，欣赏秀丽的弹筝湖秋色。后乘坐景区专线车至崆峒古镇。

线路六：从崆峒古镇乘坐景区专线车至香山，游览地学博物馆、皇城、三教洞、上天梯、朝天门至中台，再游览佛教寺院后，乘坐索道返回崆峒古镇。

游完崆峒山，其余可有多种选择：崆峒山—问道驿站—广成大酒店—龙隐寺—平凉市博物馆—柳湖公园、南山生态公园，或崆峒山—崇信龙泉寺—泾川大云寺·王母宫景区—温泉，或崆峒山—华亭莲花台，或崆峒山—庄浪云崖寺。

二日游行程

第 1 天　崆峒山—龙隐寺—柳湖公园—南山生态公园—宝塔博览园—太统山庄。

第 2 天　平凉市城区—庄浪云崖寺等景区，或静宁成纪文化城等景区，或华亭莲花台等景区，或泾川大云寺等景区，或崇信龙泉寺等景区，或去灵台。

3 日以上游行程，我们看到平凉市文化广电和旅游局的安排既覆盖全市的特色景区，又辐射连接，合理详尽。

五、平凉市文化广电和旅游局推荐旅游线路

钻石线路一（东向）

路线走向：西安—泾川大云寺·王母宫、完颜村—崆峒山—庄浪云崖寺、朝那湫—华亭莲花台—崇信龙泉寺、古槐王—返程。

出游天数：3 天。

行程攻略：

第 1 天上午：西安—（福银高速、青兰高速，245 千米约 3 小时 20 分钟）—泾川王母宫（游览 40 分钟，拜谒华夏母亲西王母）—大云寺（游览 40 分钟，礼佛大云寺、瞻仰佛舍利）。

午餐：品尝大云寺佛家素斋宴、糖油糕、罐罐馍等泾川特色小吃。

下午:大云寺—（沪霍线,9.9 千米约 17 分钟）—完颜村（游览 30 分钟，体验金国后裔完颜民俗文化）（青兰高速，88.8 千米约 1 小时 10 分钟）—崆峒山（游览 2.5 小时，问道“道源圣地”崆峒山，体验道文化）。

晚餐：品尝崆峒素斋宴、平凉羊肉泡、饸饹面、平凉红牛肉等平凉特色美食，夜宿崆峒山下的半坡农家乐。

第 2 天上午：崆峒山—（泾平路、S304，93.6 千米约两小时 15 分钟）—庄浪云崖寺（游览 1 小时,游览北魏石窟,探秘红崖寺、竹林寺）（S304，22.9 千米约 36 分钟）—朝那湫（游览 40 分钟，

龙泉寺

感受“灵湫”的神秘）。

午餐：品尝庄浪暖锅、将军馍、荞面搅团等庄浪特色小吃。

下午：庄浪云崖寺—（S304、X078，49.5 千米约 1 小时 15 分钟）—华亭莲花台（游览 3 小时，体验关山氧吧养生，探秘秦皇祭天文化）。

晚餐：品尝核桃包子、华亭糁饭、洋芋搅团等华亭特色小吃，夜宿华煤阳光大酒店。

第 3 天上午：华亭—（S304、S203，47 千米约 58 分钟）—崇信龙泉寺（游览两小时，观赏飞龙吐雾、贯珠泉）。

午餐：品尝崇信酥盒子、凉粉鱼鱼等崇信特色小吃。

下午：崇信龙泉寺—（S304,21 千米约 30 分钟）—古槐王（游览 50 分钟，探秘三千年华夏古槐王）—返程。

钻石线路二（西向）

路线走向：兰州—静宁界石铺红军长征毛泽东旧居纪念馆—崆峒山—泾川大云寺·王母宫、完颜村—崇信龙泉寺、古槐王—华亭莲花台—庄浪云崖寺、朝那湫—返程。

出游天数：3 天。

行程攻略：

第 1 天上午：兰州—（青兰高速、沪霍线，200 千米约两小时 50 分钟）—静宁界石铺红军长征毛泽东旧居纪念馆（游览 1 小时，参观主席旧居，缅怀领袖，感受“红军三大主力会师中心基点”之场景）。

午餐：品尝静宁苹果、烧鸡、锅盔等静宁特色小吃。

下午：静宁界石铺红军长征毛泽东旧居纪念馆—（沪霍线、青兰高速，119.1 千米约 1 小时 57 分钟）—崆峒山（游览 2.5 小时，问道“道源圣地”崆峒山、体验崆峒道文化）。

晚餐：品尝平凉红牛肉、平凉羊肉泡、饸饹面、酥馍，夜宿广成大酒店。

第 2 天上午：崆峒山—（崆峒大道西路、青兰高速，83 千米约 1 小时）—泾川王母宫（游览 40 分钟，感受“天下王母第一宫”之魅力，拜谒华夏母亲西王母）—大云寺（游览 40 分钟，领略“华夏佛宝圣地”之风采，礼佛大云寺、瞻仰佛舍利）（沪霍线，9.9 千米约 17 分钟）—完颜村（游览 30 分钟，体验金国女真人完颜宗弼（兀术）后裔民俗文化）。

午餐：品尝大云寺佛家素斋宴、懒面筋、糖油糕、罐罐馍等泾川特色小吃。

下午：完颜村—（沪霍线、S304，42.6 千米约 48 分钟）—崇信龙泉寺（游览两小时，观赏飞龙吐雾、贯珠泉）（S304，21 千米约 30 分钟）—古槐王（游览 50 分钟，探秘华夏古槐王）（S304、S203，42.8 千米约 1 小时 5 分钟）—华亭。

晚餐：品尝核桃包子、洋芋搅团等华亭特色小吃，夜宿华煤阳光大酒店。

第 3 天上午：华煤阳光大酒店—（X049、X055，29.1 千米约 49 分钟）—莲花台（游览 3 小时，体验关山氧吧养生，探秘

煲汤红牛

华亭洋芋搅团

秦皇祭天文化、“上畤”莲花石、千佛洞和“下畤”灵官庙、八仙台等遗址）。

午餐：品尝华亭糁饭、华亭山珍等华亭特色小吃。

下午：华亭—（X078、S304，49.4 千米约 1 小时 14 分钟）—庄浪云崖寺（游览 1 小时，观赏被誉为“中国晚期石窟艺术的集大成者”——云崖寺石窟雕像群，探秘红崖寺、竹林寺）（S304，22.9 千米约 36 分钟）—朝那湫（游览 40 分钟，探秘古“灵湫”之魅力）—返程。

钻石线路三（北向）

路线走向：银川—崆峒山—泾川大云寺·王母宫、完颜村—崇信龙泉寺、古槐王—华亭莲花台—庄浪云崖寺、朝那湫—返程。

出游天数：3 天。

行程攻略：

第 1 天上午：银川—（京藏高速、福银高速，443.7 千米约 5 小时）—崆峒山。

午餐：品尝崆峒素斋宴、平凉羊肉泡、平凉红牛肉、平凉金果、饸饹面、酥馍、牛骨髓油茶等平凉特色美食。

下午：崆峒山（游览 2.5 小时，问道“道源圣地”崆峒山、体验道文化，欣赏崆峒武术）—（崆峒大道西路、青兰高速，83 千米约 1 小时）—泾川王母宫（游览 40 分钟，感受“天下王母第一宫”之魅力，拜谒华夏母亲西王母）—大云寺（游览 40 分钟，领略“华夏佛宝圣地”之风采，礼佛大云寺、瞻仰佛舍利）。

晚餐：品尝大云寺佛家素斋宴、八大碗、糖油糕、懒面筋、罐罐馍、花花面等泾川特色美食，夜宿泾州宾馆。

第 2 天上午：泾州宾馆—（沪霍线，16.7 千米约 22 分钟）—完颜村（游览 40 分钟，体验金国女真人完颜宗弼（兀术）后裔民俗文化）（沪霍线、S304，42.6 千米约 48 分钟）—崇信龙泉寺

庄浪马尾编荷包

平凉纸织画

（游览两小时，观赏飞龙吐雾、贯珠泉）。

午餐：品尝崇信酥盒子、凉粉鱼鱼等崇信特色小吃。

下午：崇信龙泉寺—（S304，21 千米约 30 分钟）—古槐王（游览 50 分钟，探秘华夏古槐王，许下吉祥美好的心愿）（S304、S203，42.8 千米约 1 小时 5 分钟）—华亭。

晚餐：品尝核桃包子、华亭核桃、洋芋搅团等华亭特色小吃，夜宿华煤阳光大酒店。

第 3 天上午：华煤阳光大酒店—（X049、X055，29.1 千米约 49 分钟）—莲花台（游览 3 小时，体验关山氧吧养生，探秘秦皇祭天文化、“上畤”莲花石、千佛洞和“下畤”灵官庙、八仙台等遗址）。

午餐：品尝华亭糁饭、华亭山珍等华亭特色小吃。

下午:华亭—（X078、S304，49.4千米约1小时14分钟）—庄浪云崖寺（游览1小时，观赏被誉为“中国晚期石窟艺术的集大成者”——云崖寺石窟雕像群，探秘红崖寺、竹林寺等景点）（S304，22.9千米约36分钟）—朝那湫（游览40分钟，领略“关山天池”秀美风光，探秘古“灵湫”）—返程。

第二单元

来平凉和在平凉

石函　唐代

泾川县出土。高42.5厘米，长50.5厘米，宽49.5厘米。灰色大理石制成，盖顶刻有『大周泾州大云寺舍利之函总一十四粒』铭文，函身刻有《泾州大云寺舍利石函铭并序》。同时出土的还有铜匣、银椁、金棺、舍利瓶。全套作品精巧华丽，光彩夺目，反映了唐代金银器制作工艺的高超水平，也是佛教艺术的珍品。佛学界认为，这是佛教舍利瘗埋制度中土化的一大变革，具有划时代的意义。属国家一级文物。

范长江谈平凉

新华社总编辑、《人民日报》社社长范长江，于1937年2月2日从平凉赶到西安。他写道：“平凉虽属甘肃重镇，因西隔六盘山，其军事地理上的价值，与关中构成一单位，而不与兰州合为一区。左宗棠经营宁夏时，即以平凉为用兵根据地，总绾陕、甘、宁三省。将来西北边防，亦当以此为重要交通枢纽点。”“六盘山东西两面大路，还存着不少的夹道杨柳，皆为左宗棠当日之遗留，以当时交通工具之简单，他的道路路面仍比现在国道路面为广，此公胸襟之远阔，实不同于当时凡俗之武夫。”

六、到达和离开

1. 民航

平凉机场。在建，为民航 4C 级国内支线机场，军用二级标准。机场在平凉市崆峒区白庙乡罗湾村，距城区直线距离 8 千米，公路距离 12 千米。建成后可与西安、兰州、银川等周边省会城市实现航线直通。

平凉旧机场　1976 年摄

民国时，平凉、静宁各建有小型机场，但只用于军事及训练。抗日战争时期，张学良乘飞机来过平凉，此后很少见飞机起落。静宁飞机场虽已停飞但仍有导航功能。

现在，平凉附近的机场有：兰州中川机场（距平凉市区 340 千米）、咸阳机场（距平凉市区 280 千米）、庆阳机场（距平凉市区 173.7 千米）、固原机场（距平凉市区 95.5 千米），坐飞机都很方便。

去咸阳机场每天从 6：20 至 17：00 发 7 趟大巴；去中川机场每天 10：10 发 1 趟大巴；去固原机场在平凉西站候车，咨询电话：0933-8889995，或拨 0933-96778/0933-5996778；上网或手机百度，随时可以掌握相关信息。

2. 铁路

平凉境内铁路长约 98 千米，横穿华亭、崇信、崆峒 3 县（区）7 乡镇。“宝中”铁路安口段 1996 年 7 月正式投入运营，日通过列车 10 对。2001 年 9 月，在平凉市崆峒区大寨乡建成两股道的大寨岭车站 1 处。

平凉火车站为中型客站，具有 500 人以上的客运能力和办理中间站主要业务的条件。南站，为客、货两用站，具有 250 人的客运和整列货运能力。安口窑站，为中型客运站，具有 500 人以上的客运能力和办理中间站主要业务的条件。

境内每天通过和始发的铁路客车共有 16 对，其中普快 10 对，空调快客 6 对，平均日发旅客 600 人次。

平凉火车站可到达的地方有：宝鸡、西安、郑州、南京、上海、武昌、长沙、广州、张家川、清水、天水、陇西、兰州、陇南、成都、泾川、长庆桥、固原、中卫、银川等。

平凉火车站在平凉市解放北路，距市中心四五千米，距平凉汽车东站 1.3 千米。从平凉火车站步行约 310 米，就有公交 1 路车站，坐 1 站到平凉汽车东站，坐 12 站可到达平凉汽车西站。

如果从火车站直接去崆峒区，在火车站前坐 1 路公交车，可直达崆峒山下。

订票可登录 12306 中国铁路客户服务中心网，或在火车站直接购买。

因火车时刻表变化较快，旅客可上网查询或打电话：0933-5972222。

地址：平凉市解放北路 68 号

3. 长途汽车

1921 年，甘肃省政府驻京办事处处长董士恩由北京到兰州看望甘肃督军陆洪涛，平凉人第一次看到了汽车。1926 年，冯玉祥用军用汽车经营西安至兰州的运输，平凉首次有了商业性汽车运输。私营汽车直到 1934 年才出现，是“文茂祥”商号的“雪佛兰”牌汽车。1935 年元月，建起汽车站（今盘旋路附近），经营官办客货运输。

平凉汽车西站。客车发往北京、深圳、兰州、西宁、银川、西安、咸阳机场、天水、甘谷、陇西、定西、固原、庆阳（西）、庄浪、静宁、平川、环县、延安、靖边等地。

2019年升级改造后，除人工售票窗口外，新增了自助售票机，只要输入目的地，所有的车次、发车时间、票价一目了然，选择之后，手机付款，车票就会自动打印；咨询窗口、飞机票代售窗口、商务区井然排列。

咨询电话：0933-8712534/8713811

地址：平凉市崆峒区公路街2号

平凉汽车东站。客车发往北京（双日发）、深圳（隔日发）、兰州、西宁、乌鲁木齐、银川、西安、宝鸡、天水、固原、庆阳、镇原、泾川、彭阳、正宁、灵台、崇信、华亭、静宁、红四矿、郭塬、田站、赤诚、杨庄、苏城、上社、西李、新窑、柏树、高寨、陈洼、徐旺、大湾、庙后等地。

咨询电话：0933-8631271

地址：平凉市解放北路68号

4. 市内交通

平凉市有公交线路43条，覆盖市内所有街道及景点，看站牌确定出行线路，多为无人售票，最低票价1元，学生半价，65岁以上老年人除高峰期一律免费。乘出租车出行最方便。

平凉市主要公交线路起止

1路：火车站—龙隐寺；2路：宏达国盛建材市场—军干所；3路：天雨污水处理厂—天正大酒店；4路：盘旋路—油坊村；6路：盘旋路—四十里铺；8路：东台—广成花园；9路：盘旋路—

崆峒古镇；10 路：平凉职业技术学院—民馨家园；11 路：新河湾一区—民馨家园；12 路：铁路中学—世纪花园；13 路：平凉职业技术学院—崆峒山；16 路（1）：盘旋路—水泥厂南；16 路（2）：盘旋路—寨子街；18 路：盘旋路—峡门；19 路：民馨家园—天正大酒店；21 路：东湖—崆峒山；22 路：陇东农产品交易中心—丹阳调度室；23 路：宏达国盛商贸城—146 队科研基地；26 路：新河湾一区—区实验小学；36 路：八里营房—仁和汽配城；39 路：火车站—五中；43 路：广成公交枢纽站—广成公交枢纽站；旅游观光专线：东湖—崆峒山。

自驾车：西安、银川方向的自驾车走福银高速，到平凉后从平凉西（崆峒山）出口下高速即达。

平凉市查号台：0933114

天气预报：121

号码百事通：118114

报警台：110

火警：119

医疗救助：120

七、住宿

1. 住宿指南

20 世纪末，平凉宾馆属平凉市“质量信得过单位”。此外，各市县（区）宾馆的住宿条件也比较优越，具有一定的档次。1997 年，平凉市旅游局批准的定点饭店和宾馆达 22 家。至 2002 年，平凉宾馆、陇东明珠、泾川温泉宾馆、华明宾馆、崆峒度假村、金鑫宾馆、金融宾馆、粮贸宾馆、鸿宾楼、天门宾馆、鄜苋宾馆、邮政公寓比较有名。

现在，平凉市的住宿更为方便，二星级到五星级宾馆都有。二星级及以下的宾馆的价格一般在 150 元以下，三星级宾馆的价格为 150~300 元，四星级宾馆的价格为 300~450 元，五星级宾馆（广成大酒店）的价格为 450~600 元。不过，根据季节的不同都会上下浮动。

平凉市 20 家星级宾馆名单（区号：0933）

名 称	星级	地 址	电 话
平凉宾馆	四星级	平凉市西大街 86 号	8253361
华辰大酒店	四星级	平凉市崆峒东路 9 号	8611618
灵台宾馆	四星级	灵台县城东大街 80 号	3621422
泾州宾馆	四星级	泾川县何家坪温泉开发区	3335233
华亭金华大厦	三星级	华亭市城南大街	7731700
陇东明珠宾馆	三星级	平凉市崆峒东路 460 号	8612588
华砚宾馆	三星级	华亭市仪洲大道中段	7728908
静宁宾馆	三星级	静宁县城关镇中街 85 号	2530601
紫荆宾馆	三星级	庄浪县东站 2 号	6621724
平凉正宇宾馆	三星级	平凉市来远路 15 号	8715678
天正大酒店	三星级	平凉市玄鹤北路 1 号	8718600
华都商务宾馆	三星级	华亭市仪州大道西段	7706888
五味宫酒店	三星级	平凉市崆峒古镇	8888998
平凉新都酒店	三星级	平凉市东大街 24 号	8211388
平凉新裕商务宾馆	三星级	平凉市崆峒大道西段	8798188
平凉弘盛宾馆	三星级	平凉市崆峒区解放北路 134 号	8267888
银河宾馆	二星级	平凉市公园路 1 号	8226489
颐都宾馆	二星级	平凉市法院巷 75 号	8251678
华融大酒店	二星级	华亭市华庄路	7738700
东方电力宾馆	一星级	平凉市公园路 2 号	8221299

“星级”只能作为参考。近几年来，各市县（区）新建的一些酒店，也比较上档次。预订酒店，首先要看交通、周边环境，其次看设施服务及价格，第三参考是否享受返现等优惠，第四看是否有免费 Wi-Fi、免费早餐等。只要电脑上网或手机百度、北斗地图，很轻松就能找到理想的住处。因为价格、类型、位置等，一目了然，连电话号码都不需要记，动动手指，就可搞定。

“携程旅行网”将平凉市 74 个酒店依次排出了前 10 家：广成大酒店、平凉宾馆、新世纪商务宾馆、速 8 酒店（平凉西门口店）、平凉特色酒店、皇甫宾馆、陇东明珠宾馆、华辰大酒店、创新酒店、平凉嘉天厦酒店。

“艺龙旅行网”的排名另有标准，其前 10 家是：红泉大酒店、喜达假日酒店、新世纪商务酒店、广成大酒店、华辰大酒店、锦

平凉宾馆

江之星（平凉西站玄鹤新城店）、宜必思酒店（平凉崆峒西路店）、坤逸精品酒店（平凉新民路店）、陇东明珠宾馆、瑞士莛尚品酒店。以上，也仅仅供大家参考。

2. 特色宾馆

| 广成大酒店 |

到达：坐 1 路、9 路、13 路、21 路公交车均可前往。东湖—崆峒山旅游观光专线车也可到达。

电话：0933-8518036

在平凉城西 3 千米处，交通便利、环境幽雅，是平凉市唯一一家集温泉水疗、商务会议、文化研讨、教育培训、住宿餐饮、旅游休闲于一体的生态旅游大酒店。总投资 6.58 亿元，占地 438 亩，总建筑面积 5.8 万平方米。

酒店公共区集餐饮、会议、培训、住宿为一体，其中西餐厅、

广成大酒店

中餐宴会厅、民族风味餐厅、大小包间 38 个，能同时容纳 1500 人就餐；600 平方米的多功能厅及各类大小会议厅 7 处，可同时提供 800 多人的会议服务；客房住宿区设有客房楼 5 栋，客房共 395 套。

康乐洗浴区内设温泉水疗、演艺大厅、棋牌茶社等娱乐场所。

健身运动区内篮球场、羽毛球场、游泳馆、健身房等设施一应俱全，大型停车场、高速宽带、中央空调等公用设施可为旅客提供更为方便快捷的服务。

整体建筑物外立面设计为 3 层坡屋面，古朴自然，充分体现了平凉悠久的历史文化和崆峒山“天人合一”的道教文化底蕴。酒店内绿化率达到 73.8% 以上，绿树成荫、湖波荡漾、生态优美、环境宜人，丰富的自然景观和人文景观相映成趣，自然和谐，是旅游度假、休闲养生的胜地。

| 泾州宾馆 |

到达：乘 27 路、28 路、82 路、86 路、91 路、92 路、93 路、94 路、620 路公交车均可前往。

该宾馆被评为甘肃省东部旅游特色接待“窗口”单位。原名“泾川温泉宾馆”，在泾川县城东 7 千米处。“甘肃省饭店餐饮业 20 佳”、国有旅游涉外四星级饭店。现有客房 153 间；中餐厅、清真餐厅各 1 处，宴会厅两处，可供 500 人同时就餐；洗浴中心两处，内设干蒸、湿蒸、针刺浴等多项浴种，足浴、修脚、按摩等理疗服务项目齐全，可供200多人同时休闲理疗；室内温水游泳馆3个，能同时容纳100多人游泳娱乐；普通男女大众浴池各1处；各类会议室4个，可接待600多人同时开会；娱乐中心、健身房、书画室、棋牌室各1处；配套合理、功能齐全的服务设施可满足不同宾客的消费需求。

好多外地人到平凉，总爱泡澡，因为，平凉的泉水流而不腐，滑而不腻，温而不烫，水质优良，属活性微量元素氟离子重碳酸钠型医用矿泉水。经水质鉴定权威部门测定，平凉的每公升水中含钾钠离子349毫克，钙离子47.29毫克，镁离子20.31毫克，氯离子123毫克，硫酸根离子12毫克，还含有丰富的氢氧根离子和氟等活性微量元素，经常沐浴能锻炼心肌，保护心脏，强身

泾州宾馆游泳池

健体，解除疲劳，刺激神经末梢，促进血液循环，保持皮肤洁净润滑，医治神经痛、关节炎、冠心病和初期高血压等症。

平凉的温泉水是天然资源，如果不是 1971 年地质部门勘探石油时被发现，它将永远被深藏在 1680 米的地下。现已探明，热水层厚度达 164 米，日出水量为 1920 立方米，四季恒温为 38.2℃。

当地人写的广告词“东洗临潼贵妃池，西浴泾川王母泉”指的就是这里。

| 问道驿站 · 广成客栈 |

到达：坐 1 路、9 路、13 路、21 路公交车均可前往。东湖一崆峒山旅游观光专线车也可到达。

崆峒古镇的问道驿站，靠山临水，西距崆峒山 4 千米，东距市区 6 千米，南倚平泾公路，北邻崆峒旅游专线。

古镇整体设计为仿明清建筑风格，均为一至两层建筑群。四面城门创意性地恢复了古平凉城门：东门为和阳门，南门为万安门，西门为来远门，北门为定北门。四个入口城门与明代平凉城东西南北四个城门相对应。古镇中道路纵横交织，流水环绕，有机地把古平凉八景、人文故事、历史典故、奇观异景、知名客栈等景观景点镶嵌其中，既展示了崆峒文化的博大精深，又体现出南方园林的秀丽优美，把传统的人文景观和人与自然和谐的生态环保理念贯穿其中，以道教文化为线索贯穿始末，根据地形环境及特色景观的不同，形成 4 个功能区——五色池、五味宫、五音

五味宫酒店

宫以及五行苑。

崆峒古镇现已成为崆峒山景区的游客接待服务中心，是这一地区最大的游客集散地。游客在这里可以享受到景区提供的票务、乘车、餐饮、住宿、娱乐、购物等一站式服务。

广成客栈在五行苑片区，属豪华商务型酒店，由中餐部钓天楼，茶艺部汀兰阁，客房部杜风院、煊日院、坤华院组成，寓含金、木、水、火、土五行之说。

五味宫酒店，在问道驿站五色池之畔，水系环绕、曲径通幽，集明清经典二进院落和苏州园林风格为一体，菜品以川、湘、陇菜菜系为主，以农家、素斋及私房菜为经营特色。

八、饮食

“民以食为天”“游以吃为先”。在外旅游，风景再美，若没有可口的饭菜小吃，终究是一种遗憾。时至今日，人们对食物的理解越来越深刻，“吃”已经是一种文化，边游边吃，不单是一种享受，实际上也是对一种文化的欣赏与感知。

在平凉街头走一走，你会发现这是一个非常适合生活的地方。有人说，“假如你走在平凉的街上不知道吃什么，别着急，只管跟着鼻子走，随便走进一家能勾起你食欲的小店，十几元钱的饭资，绝对物超所值，不会让你失望”。

有人问我：“为什么到平凉想吃啥就能吃到啥？”我说：“平凉是一个包容开放的城市，是各地美食的荟萃之地，自然有独特的吃文化。羊肉泡、海鲜、湘菜、川菜、新疆菜，还有西餐，天南海北的游客到平凉，既能尝鲜，也能找到自己熟悉和喜欢的味道。”你瞟一眼中国地图，作为陕、甘、宁三省（区）交汇的交通要冲，这里有 30 多个民族聚居，是南来北往的人融合出了“平凉味道”。

明末清初，这里的各类名菜、名点、风味小吃已享誉海内外，特别是静宁烧鸡、静宁锅盔，平凉羊肉泡、平凉酥馍，泾川罐罐蒸馍等，成为丝绸之路过往旅客的“最爱”。

平凉本地人普遍喜欢面食，大众的爱好就是一口面，从西边庄浪静宁的浆水面、烩面，到平凉城里的饸饹面、炒面、生汆面，直到最东边灵台的酸汤面、臊子面，还有牛肉面、炸酱面，真可谓是面食的天堂。即便酒席上山珍海味再好吃，没有一碗酸汤面收尾，感觉还是没吃好；出差旅游归来，一回家，就想吃碗面。啥都能吃腻，面就是吃不腻。有人剖析，平凉面食的做法、吃法讲究“寒、温、热、平”四气相济，“酸、甘、苦、辛、咸”五味调和，重视“色、香、味、形”诸美食要素以及“食、境、养、意”。“山这边”人们的生活习俗与关中相似,“山那边”接近天水，膳食结构相似,基本都是粮多菜少。除婚丧宴会待客备办馔肴外，人们的日常生活多以素食为主。主食以小麦为主,辅以多种杂粮。副食靠自家养的牛羊猪、鸡鸭鹅解决。现在又增添了狗肉、驴肉、兔子肉和鱼、鳖、蛇肉及各种海鲜。蛋类除鸡、鸭、鹅蛋外，鸽子蛋、鹌鹑蛋也成为佐餐品。烹调擅长蒸、煎、炸、炒、烤、烩、煮、炖、煸等，尤其擅长烤、煮、炖。炒则突出鲜、嫩、香、辣。菜肴色彩浓重，滑而不腻。

除“红烧肘子”“烧鸡”“黄焖鸡”“酸汤面”等美食外，还有羊肉泡、炒面、烩面、生氽面、涮羊肉、水晶羊头、炒肉片、五香酱牛肉、爆牛筋、黄焖羊肉等也备受人们的喜爱。

1. 宴席

平凉人每遇过节、婚丧嫁娶、寿诞满月，称之为“过事”，多要举办家宴，招待客人，当地人称之为“坐席”。宴席先上凉菜，一般是花生米、胡萝卜丝、猪耳朵、肝片、粉丝、黄瓜之类。正席多以十碟十碗或八碟八碗为礼。十碟十碗为四荤四素二干果（油煎面食）；八碟常规亦四荤四素，八碗名四柱（荤）四稀（豆腐及蔬菜等）。较简便的有先上数碟菜下酒，后吃“苫碗子”。苫碗子其实就是烩菜，一碗菜，下面两勺素菜，是土豆片、粉条、萝卜丝，素菜上面是一勺荤菜，一般是四片过了油的大肉片和四条老豆腐片，有些讲究的，还会有一颗直径 3 厘米左右的肉丸，再撒上葱花芫荽，调上油泼辣子作为点缀，不论是品相还是味道，很是诱人。平凉宾馆“平凉宴”推出肘子宴、长寿宴、全羊宴、杂粮宴、饺子宴等大餐，颇具特色。

现在多讲究“包席”，一种是只请大师傅，自己采购食材备席。另一种是“全包”，菜谱、价格早已排定，在订席时略作调整即可。2019 年，平凉宾馆“平凉宴”一桌七八百元汉餐“包席”包括：凉拌牛肉、农家拌肉、家制皮冻、橙汁木瓜、平凉拌菜、蕨菜香干、青瓜双拼、线椒海笋、酸辣鲤鱼、红烧全肘、红扒全鸡、辣圈炒肉、香辣鱿鱼卷、金瓜八宝饭、清蒸鲈鱼、八宝醪糟汤；小吃有：地软包子、菊花荷叶饼、花卷。

“八大碗”宴席，指的是八种装在大碗里的炖菜，有素有荤，牛羊肉、鸡鸭鱼肉都入八大碗之列，采用炖、煮、烩、炸、烧、蒸等技法操作，大汁大芡，大碗盛放。有炖羊肉、白萝卜炖牛肉、杂碎酸汤、胡萝卜丸子、洋芋或山药炖肉、粉条炖肉，开胃菜有甜饭、醪糟汤等，以八碗为限，灵活配伍。以前“家道”好的人家，可上一碗烧肉、蒸鸡或蒸羊肉。其中炖牛肉、炖羊肉、烧肉、粉条炖肉是八大碗中的精品。“九碗十三花”是招待贵宾的宴席，由九个热菜四个凉菜构成。

近年，平凉大力弘扬养生文化，顺应健康理念，结合传统饮

“八大碗”

食推出“平凉金陇道养生红牛宴”“皇甫养生药膳宴”等系列养生宴席，以平凉红牛肉为食材制作的涮平凉红牛肉、养生小米牛肉等菜品，成为平凉红牛肉引领的特色招牌菜。平凉高级烹调师刘会军率队参加《魅力中国城》节目，让平凉养生红牛宴誉满天下。

皇甫养生药膳宴秉承“贵在食疗”的养生理念，把皇甫谧养生文化精髓融入现代菜品之中，选用灵台地产小米、麦面、蔬菜、水果、杂粮等50多种原料，与相应中药材搭配烹制而成。

| 金陇道养生红牛宴 |

金陇道养生红牛宴是以平凉红牛从牛头到牛尾不同部位的肉（牛头肉、牛舌、牛胸叉、牛腩、牛腱子、牛尾）为主要原料。平凉红牛肉中人体必需的氨基酸含量非常高，并含维生素B1、B2以及铁、锌、镁等多种微量元素，它可以帮助人体造血，增强免疫力，促进新陈代谢，是养胃益气、强身健体的补品。几种时令

红牛养生宴

新鲜的凉菜（杂粮）围锅而摆，锅中肉汤翻滚、牛肉飘香，客人围桌而品，真所谓“吃牛宴牛味十足”。

“养生文化”在平凉正在不断发展，而平凉的面食文化源远流长，用杂粮制作的面食更是独具特色。

2. 年饭

从农历腊月初八“吃糊心饭”开始，至正月二十三日叫“过年”，由杀猪宰羊（农村多忌杀牛），蒸馍、煎油饼、炸丸子，还要备好熟萝卜菜，此为“备年”。除夕至正月初三是“吃年”，正月初四至正月十六日为“耍年”。

过年的重点是“吃”“喝”，从早到晚，家家要摆酒席、喝酒，各种风味小吃一应俱全。

除夕年夜饭，讲究“合家欢聚”，追求“团圆欢乐”的气氛，长面是少不了的，因为供祭祖先的“献饭”中必须要有长面。其余暖锅、饺子、热菜等各家不同。华亭、庄浪、静宁人喜欢吃搅团，有“缠年”之谐音，也有盼望团圆完美之意。以荞面搅团为上乘，加工技术全在一个“搅”字上，俗话说：“搅团要好，七十二搅。”因为搅的圈数越多，搅团就越筋道。制作时温火、多搅、均匀、黏稠适度。备以蒜泥、辣子油、盐醋等调好的蘸汤。乡下人沿袭啃猪骨头的习俗，盛在大盘子里，端上炕桌，一家人围上一圈，手抓骨头蘸蒜泥，吃得津津有味，土话说“美得蘸蒜呢”！

近年兴起订年夜饭，每道菜都有一个很好的名字，如“平凉宴”的“合家欢乐年夜饭”：凉菜有富贵连年醋椒肘、张灯结彩酱牛肉、欢天喜地多春鱼、四季发财时蔬拌、良辰美景酿皮卷、金银满堂木藕枣、大展宏图片皮鸭、花开富贵西兰花、前程似锦大丰收；热菜有招财进宝富贵鱼、喜气洋洋手抓肉、喜上眉梢五花腩、牛气冲天香辣排、春暖花开双合炒、福禄双全海鲜拼、吉祥如意烧公鸡、五谷丰登杂粮饭、春色满园中华芥；主食为富贵一生煮水饺、蒸蒸日上大花卷、长长久久手工面、岁岁年年西点拼；养生汤是延年益寿炖甲鱼。每桌送瓜子、糖、精美果盘、餐巾纸、饮料、茶水（菊花、金骏眉、龙井、安吉白茶、黄金牙）。

3. 传统名食

| 静宁烧鸡 |

静宁烧鸡是静宁传统名食，一方面是土鸡本身属甘肃优良品种，另一方面是卤汤配料十分讲究。烧鸡形色美观，鲜嫩味美，外表晶亮，卤色褐红，肉香味厚，爽口不腻，驰名甘、陕、宁、新等省（区），是西兰公路上旅客们争相购买的风味食品。静宁烧鸡或路途食用，或馈赠亲友，莫不称绝。既是筵席美餐，又是滋补佳品。

静宁烧鸡

平凉羊肉泡馍

| 平凉羊肉泡馍 |

人们习惯叫“平凉羊肉泡”。羊肉到处有，平凉味道香。苏轼诗“秦烹唯羊羹，陇馔有熊腊”可证。“不吃羊肉泡，枉把平凉到”。平凉羊肉泡馍为什么名气大，外地人很少明白。首先是选取料羊，也叫“站羊”，肉质肥嫩可口；二是采取“单走”的形式，即羊肉和馍分别上。陕西人把平凉羊肉泡叫“清汤羊肉泡”，又称作“水盆羊肉”，肉汤清而不腻，鲜而不膻。有些地方有“六驹驴（山羊）、腊绵羊”的说法，即讲究夏季吃山羊肉，冬季吃绵羊肉。先将羊肉洗净切好，加葱、姜、花椒、八角、茴香、桂皮等佐料煮烂；加上粉条、葱末、香菜和调料，辅以香油、油泼辣子、糖蒜；馍要烙得又软又酥。这样做出的羊肉泡闻起来香气扑鼻，吃一口大快朵颐。羊肉性温，含高蛋白成分，老幼皆宜，经常食用，可健身壮体。寒冷的冬季，“咥”上一大碗地道的平凉羊肉泡，自然是一种享受。

| 灵台甲鱼 |

灵台清炖甲鱼营养价值极高，深受宾客青睐，其制作方法并不复杂：将宰杀并烫去黑衣的甲鱼剁成块，加入高汤、生姜、大葱、大蒜、花椒、白糖、食盐等多种配料，炖至甲鱼肉软糯即可。

| 五香牛肉 |

平凉红牛久负盛名，由红牛肉加工的五香牛肉，鲜嫩味美，

清炖甲鱼

平凉酱牛肉

肉呈玫瑰色，酱香浓郁，入口即化，誉满大西北。

平凉红牛肉具有补中益气、滋脾养胃、强健筋骨、化痰息风之功效。

| 泾川罐罐蒸馍 |

早在汉唐时期，泾川一带过往的商人常用水果、馍馍敬献王母等神灵，祈求旅途平安。泾川蓝家山人用当地上等精白粉制作，将这些讲究色、香、味、形的蒸馍，销售给来往的商人，名声远播。民间相传康熙皇帝曾经路过泾川，地方官将民间蒸制的罐罐蒸馍供其品尝，得到赞赏并定为贡品，罐罐蒸馍的名声便传开了。康熙来与否，无须考查，而泾川、灵台这一带“陇东粮仓”的面粉，可真的是“甲于天下”。

泾川罐罐蒸馍

罐罐蒸馍面白如雪、热柔冷酥，醇香味长，具有长期存放而不霉、不馊、不变味之特点。用开水浸泡，如白莲初绽，其味不减，是人们旅途可备之佳品。

| 静宁锅盔 |

静宁大饼

静宁锅盔也叫“静宁大饼”，清同治年间已负盛名，以制作独特、脆酥可口和久放不馊而闻名于丝绸之路。20 世纪 50 年代曾在兰州和北京展销。据说早年一位外国人路过静宁时买一大饼，装箱后忘食，远涉重洋到家后，从箱中翻出，仍香甜如初。其特点为面粉雪白，外形平整，薄厚均匀，色泽光亮，又脆又酥，甜美可口，不易破碎，便于携带。品种有油质和糖质两种。

红焖肘子

| 平凉红焖肘子 |

平凉红焖肘子是平凉一大名菜。制作时先将选用的猪肘子卤熟，浇上配好的佐料，体现色、香、味、形。入口肥而不腻，味美可口。

| 庄浪暖锅 |

俗称“暖锅子”，主要选用上好的五花肉、老豆腐、萝卜、平菇、洋芋粉、天然木耳、豆芽、白菜、油菜、冬瓜等为主料，配以自制的暖锅汤、鸡汤。用安口窑烧制的砂锅，木炭烧煮，味道纯美，有人形容“味从煮中来，香自火中生”。静宁、庄浪的农家都会做，近些年，庄浪的牌子似乎更亮了一些。吃暖锅，似乎是在吃一种气氛，享受一种感觉。

庄浪暖锅

庄浪南坪靳家暖锅，在2011年7月全省精品陇菜认定会上被评定为“精品陇菜”。

| 羊肉涮锅 |

羊肉涮锅也是精选当地羊肉，配以豆腐、粉条、葱、韭菜、蒜、辣子及油盐酱醋等。一般用铜火锅，锅内汤料翻滚时，将羊肉薄片及其他备料放入锅内，食之不膻不腻，香味宜人。

平凉宾馆涮肉

| 平凉馓子 |

馓子

平凉回族民众擅长炸制馓子，它的历史应该在千年以上。宋代文豪苏东坡《戏咏馓子赠邻妪》中曰："织手搓来玉色匀，碧油煎出嫩黄深。夜来春睡知轻重，压匾（扁）佳人缠臂金。"每逢节庆，人们都会炸馓子招待客人，馈赠亲友。

平凉蒸鸡

| 蒸鸡肉 |

蒸鸡肉是平凉一道美味的家常菜。选用农家土鸡肉剁块，辅以葱花、生姜、调料等佐料，泾川、灵台多以面皮包裹入笼蒸熟，鲜美嫩香，别具风味。

4. 各种面食

| 饸饹面 |

根据当地民间传说，黄帝于崆峒山问道时，广成子拿他常吃的野荞麦面做成的“河漏面”招待黄帝，而且还是第二次上山时才吃到的。这为饸饹面起源于平凉找到了根据，也为当地群众

金陇道饸饹面体验工坊

爱吃饸饹面找到了理由。平凉小城有600余家饸饹面餐馆。2020年7月，政府又投资2300多万元，建成面积6000多平方米的“甘肃平凉饸饹面文化产业园”，引相关专家的话讲：“这是继兰州牛肉面之后甘肃具有挖掘潜力的第二张面条名片。”

饸饹面

“饸饹”，《辞海》解释为：“北方一种用荞麦面轧成的食品，参见‘河漏’。”河漏，又名“河捞”。平凉一家饸饹面馆的墙上介绍说：康熙皇帝觉得“河漏”“河捞”的名字与治理黄河不搭，便改为“饸饹”。这些传说，已无法考证。总之，饸饸最早在平凉盛行倒是事实。平凉人爱吃饸饹面，就像兰州人爱吃牛肉面。饸饹面已流行于河南以及青海、陕西、内蒙古、山西等许多地方。

我专门到平凉唯一一家“金陇道平凉饸饹面”产业集团公司访问，才知道饸饹面由当初的野生荞麦面制作，逐渐演变为种植的荞麦面、小麦面、玉米面等杂粮面制作。先将面经过反复揉制，使其光滑筋道，放入底有漏孔的饸饹床子，迎开水锅压成细丝即可。素吃，搭配以本地香醋、葱花、韭菜、鸡蛋做的酸汤；荤吃，配以精心炒制的辣子油、臊子（猪肉、牛肉、羊肉），浓郁的臊子汤汁渗进面中，油而不腻，香而不辣。

丨平凉麻食丨

麻食，也叫“麻什”“麻食子”。元代《饮膳正要》载：“秃秃麻食……系手撇面……用好肉汤下，炒葱调和匀，下蒜酪、香菜末。”关中人称作“麻食”，以荞面为料。现在，绝大多数都以白面为主要原料。掐指头蛋大小面团在干净的草帽上搓之为精吃，切厚块以手揉搓为懒吃。

丨浆水面丨

浆水面是以浆水做汤汁的一种面条，它含有多种有益的酶，能清热解暑，增加食欲，为夏令佳品。三伏盛暑食之，不仅能解除疲劳，恢复体力，而且对高血压、肠胃病和泌尿系统疾病有一定的疗效。民国静宁县知事王烜有《浆水面戏咏》曰：“清暑凭浆水，炎消胃自和。面长咀嚼耐，芹美品评多。溅齿酸含透，沁心冻不呵。加餐终日饱，味比秀才何？”浆水面流行于兰州、天水、定西、平凉等地，而以平凉庄浪、静宁的味道最好。

丨静宁拌汤丨

拌汤，讲究一个“拌”字，在尖底锅里先放少许粗面作为坯子，然后投入少量扁豆面粉，再加注少许温水，紧接着用手掌在锅内搅拌，这样不断反复地加面、添水、搅拌，小面粒由小变大，类似于“滚雪球”。静宁人爱吃拌汤，是因为扁豆面粉味甘性平，具有活血、利水、祛风、健脾、解热、解毒的功效。加工的拌汤

拌汤制作

再与擀制的白面疙瘩（菱形面条）一起下锅，调成浆水拌汤饭，清爽可口，是夏季解暑最好的膳食。

| 灵台手工面 |

俗称“涎水面”“龙须面”“一口香”。灵台手工面好，主要是“冬小麦”面粉好，再就是做工精细，讲究“薄、筋、光，煎、稀、汪，酸、辣、香”。经过搅拌、揉搓、“回醒”，反复多次才擀制完成，分细丝、韭叶、宽片3种，“擀薄如纸，细切如线”才是功夫。因配色不同，可做成白、绿、黄、红4色面，俗称“福禄寿喜”面。因场合不同，又可

灵台手工面

分为长寿面、过年面、挂镰面、试刀面等。“下到锅里莲花转，挑上筷子一条线。”一碗好面，面料、面条、面汤分层而陈，粉红、乳白、深红各色有致，令食者望之生津。

| 拉条子 |

平凉的拉条子与陕西扯面、兰州牛肉面做法大致相同，不同之处在于把拉好的面煮熟后盛入盘子，再将拌菜倒在拉条子上搅拌而食。拉条子不能太粗，亦不能太细，否则入锅煮熟后，会丧失其筋道和韧性。拉条子永远只是一种，但拌菜几乎涵盖了所有蔬菜，如西红柿鸡蛋拌面、韭菜肉拌面等。实际上，这种拌面在宋朝就已出现，在《东京梦华录》《梦粱录》《武林旧事》等书中，就有对酱汁、肉混合烹饪的记录。

| 华亭核桃饺子 |

核桃饺子

饺子到处有，而华亭的核桃饺子风味独特。它是将核桃仁用文火煨炒，至淡黄香味飘出时吹去其上的细皮，再趁热擀压成泥状，加盐后与煮熟过凉水后的红白萝卜、嫩白菜心或豆腐充分搅拌混合，同时佐以葱姜末、熟清油、五香调料，故营养丰富，回味悠长。

| 洋芋搅团 |

洋芋搅团

华亭洋芋搅团风味独特，口感滑润、清香，其做法也比较独特：先把洋芋清洗煮熟，剥去粗皮，晾在案上，待仅存余温时，便倒进特制的木槽或石臼之中。先用木槌慢慢地砸揉，至洋芋成糊状时再举锤猛砸，直至莹莹放光、韧柔如胶时即可食用。热食时放进酸菜浆水中略煮，连同酸菜浆水盛碗后，调以盐、油泼辣子即可；冷吃时盛入炝煮的醋、油泼辣子、蒜为一体，入碗即食。

5. 小吃

| 平凉酿皮 |

也叫“平凉凉皮”，一年四季各地都有。崆峒、静宁酿皮名气稍大一些。酿皮的特点是润滑爽口、酸辣味美，入口筋韧柔软，又是低热量的减肥食品。它不仅是街头小吃，近几年还登上宾馆、饭店、酒楼等大雅之堂。

酿皮的制作工艺比较简单。用上好的小麦面粉调和并洗浆——攥、揉、搓，直至分离成淀粉和面筋。清出多余的水分，其浆加食用碱后呈糊状，倒进特制的平底铁蒸笼上蒸熟，待凉后用一把专用铡刀切成细条。

主要调料有酱油、醋、盐、调料水、辣椒油、蒜泥、芥末汁等。

静宁一些地方的民众还要加点芝麻酱，吃来别有风味。和酿皮同类的有泾川“懒面筋”，吃起来极柔，“有酿皮达不到的面食味”，既可当饭吃，也可顶菜用。

近几年兴起做擀面皮，它的加工也是用上好的小麦面粉调和并洗浆，清出多余的水分加食用碱，在铁锅中慢火加热使其蒸发水分，同时反复揉制后擀成薄片，经上笼蒸熟后切成细条，吃法和酿皮基本相同。不同的是，擀面皮口感较硬，韧度高。静宁擀面皮还要适量加一些绿豆芽、黄瓜丝之类的配菜。

平凉酿皮

6. 面点

| 静宁点心 |

静宁点心

早在民国年间，静宁县城“积庆源”“积庆德”的点心就很有名，色、香、味、形样样具备，深受大众喜爱。随着时代的变化，点心也随“风潮”走，美味甜点根据健康的诉求，加入了“养生”元素，少油、低糖、低脂，把山楂、红丝线、田七、丹参、猴头菇等巧妙地融入点心当中，没有过度的甜腻与油脂，而又保持了传统点心的原始风味，深得方圆数百里民众的喜爱。

| “德生祥”点心 |

“德生祥”点心

庄浪“德生祥”酥皮点心，做工精细，色香味俱佳。2004 年获“甘肃名点银奖”。点心色白如雪，外皮呈千层状，层层薄如蝉翼，闻之清香扑鼻，食之酥美香甜，是馈赠亲友、居家品尝的美味小吃。

| 平凉酥饼 |

也叫“平凉酥馍”，分暗酥饼和明酥饼。暗酥饼表面不见酥，吃到口里才觉酥，有五香味的咸酥饼和包糖馅的甜酥饼两种。明酥饼表面油亮酥脆，入口酥软，也有甜咸两种。形状有“牛舌头”“麻鞋底”“一道眉”和方块等10多种，数十年来，经过厨师们的不断创新，使平凉酥饼形成了花色多、入口酥、余味香、宜携带的特点。

| 大馒头 |

庄浪大馒头

静宁、庄浪民间订婚、结婚时，男方要向女方家送12个大馒头，有的叫大馍馍。因为是终身大事，所以选最好的小麦粉，采用农家传统发酵制作，在上笼蒸前，上面用小刀轻轻划一个十字，这样出笼的时候，馒头的顶部就会像花瓣一样四下裂开，人们称之为馒头“笑”。它好似一朵白莲花，点缀几个小红花点之后，有喜气祥和之感，加之味道、口感好，现在成为走亲送礼的珍品。庄浪的馒头以“大”而出名，一般直径为30厘米左右，高约15厘米。

| 崇信酥盒子 |

崇信酥盒子

以优质小麦粉、原产纯胡麻油为主要原料，按内馅不同，可分为“五仁”味（核桃仁、花生仁、黑芝麻、白芝麻、葵花仁）和香酥味两种，通过温油微炸，将其中的香味慢慢透出来，金黄微脆，香酥诱人。营养价值高，具有益智、健脑、乌发等养生效果。

| 炉齿馍 |

又叫“石子馍”，因形似炉齿故名。崆峒、崇信的炉齿馍以可口、馅味清香而久负盛名。炉齿馍的做法独特：选取不裂、不碎的豆粒状砂石，洗净炒热，加油润滑，在上面烙制面饼。选用上好的小麦面粉，色白纯净的大油，将面粉用温火炒熟，拌上白糖、红糖、核桃仁、花生仁、青红丝、芝麻、陈皮粉等，擀制，然后上石子锅烘烤至熟。

| 泾川火烧子 |

火烧子又名“葱花饼”。清同治年间由四川传入，制作方法是用烫面包入有调料的葱花，用大油煎烤。色泽金黄，脆而香酥，油而不腻。1987 年被平凉地区评为地方名食。

| 地软包子 |

静宁、庄浪、华亭一带农村，人们冬天收集山坡上生长的一种藻类植物地耳（俗称“地软”），洗净、晒干，配葱花、粉条、豆腐拌成馅，用发面包成包子，口味清淡，营养丰富，是男女老少都喜欢的佳品。

吃不完的美食，说不完的美味。手抓羊肉、烤羊排、烤羊腿、烤羊肉串、煲汤牛肉等，各地都有，特色各具，没必要详细介绍。

还有平时吃的炒面片、生汆面、酸汤面、干拌面、油泼辣子面、炸酱面、苜蓿面、馄饨、锅贴及花卷、油饼、油糕、油果子、麻花、油条、油饦饦、南瓜饼、芝麻饼、苜蓿饼、各种包子、玉米发糕、糜面馍、月饼、蛋糕、面包、韭菜盒子、肉夹馍、烫面油饼、凉粉鱼、豆腐脑等，西北地区类同，各有风味，不再啰嗦。

地方独有的如平凉葫芦头、燕面糅糅，泾川高粱面制成的花花面，灵台荞面煎饼、脆皮油糕，崇信荞面节节，静宁莜豆面饲饱糊，庄浪洋芋粉与摊馍馍，还有静宁、庄浪、华亭的玉米面糁饭、玉米糁糁，华亭的粉糊子（又名“黄面鱼鱼”），端午节前的

泾川糖油糕

凉粉鱼

酒醅子（又称“酒麸子”，静宁叫“甜醅”）和花馍馍，国庆节前后的麻腐馍等，各有千秋。

7. 野菜

在 20 世纪 80 年代前，人们在解决温饱时，苜蓿、苦苣、灰苕、蒲公英等野菜，是人们充饥的“救命草”。生活好转后，野菜一度被冷落。近些年，吃野菜倒成为一种时尚，蕨菜、刺椿头、苦苣菜、苜蓿芽等野菜，绿色无污染，风味独特、营养丰富，含有大量对人体有益的维生素、矿物质和微量元素，多数人喜欢经常食用。

8. 美酒

陇东，是我国农业起源最早的地区之一，也是酿酒业兴起最早的地方之一。从出土文物可以窥得酒文化的端倪。1962 年，泾川县金明乡长武古城出土的翼兽形铜提梁盉，考古专家认为是春秋之前的青铜装酒容器。1967 年 9 月，灵台县白草坡西周墓出土的一只卣里面盛满液体，考古专家断定为西周早期的酒。同时出土的还有樽、爵等稀世珍宝，都与酒有关系。1986 年 9 月，静宁县李店镇王沟村出土了 50 多件汉代饮酒用具漆耳杯。2007 年 7 月，崆峒区太统村南坡社出土了一件元代青铜狻猊，狻猊背上左右两边驮着两个扁形的壶，壶口呈长方形，似为盛酒容器。两壶中间有一方口空间隔开两个酒壶，里面有烟道，应是一件温酒器皿。平凉市博物馆镇馆之宝——东汉博山神兽纹铜樽，就是一件典型的饮酒用具。

平凉人好饮酒，自然会造酒。静宁人好饮“阿剌乞（烧酒）”被写入《静宁州志》的“风俗”篇中。饮酒对平凉百姓来说，是生活的常态。外地人到平凉，似乎首先是学会喝酒。宋代，平凉太守蔡挺醉眼朦胧中写有“且欢娱，不惜金尊频倒”的句子。范仲淹“浊酒一杯家万里”也好像在渭州不远的地方。《水浒传》里的鲁提辖拳打镇关西的背景，全是我们渭州府大街的酒缸、酒坛。有人说，鲁达正饮“渭州大曲”，我不敢肯定，而一面杏黄酒旗在风中招展，甚是惹眼，墙上写着的一首诗倒还记得：“风拂烟笼锦旆扬，太平时节日初长。能添壮士英雄胆，善解佳人愁闷肠。三尺晓垂杨柳外，一竿斜插杏花旁。男儿未遂平生志，且乐高歌入醉乡。”一脚踢翻郑屠户，打得郑屠户趴在地上呜呀呀乱叫告饶。

明代，韩王世袭藩守平凉，王府内包括军队有几万人，大都用的是平凉本地产的酒。明代才子赵时春每天喝得醉醺醺的，可惜他没有记下什么牌子的酒。绕了一大圈，还是想说平凉这个地方的人好酒，平凉的酒好。虽然，名气赶不上两湖川贵，但平凉人用家乡的水酿造的酒，喝着放心。

| 白酒 |

平凉白酒酒厂较多，而以新世纪柳湖春酒业有限公司，静宁珍珠林、同生、凤林、金开元酒业有限公司，庄浪紫荆、天池酒业有限公司，泾川王母宴酒业有限公司，灵台大锅大、灵泉酒业有限公司，崇信龙泉酒业有限公司，华亭皇甫酒业有限公司生产

西周兽面纹铜角

汉代漆耳杯（羽觞）

的白酒比较著名。

新世纪柳湖春酒业有限公司所产的崆峒牌系列白酒，荣获全国“消费者首选知名放心品牌”、西北五省（区）酿酒工业协会联合会推荐“优秀产品”等荣誉称号；“世纪崆峒”酒荣获中国酿酒工业协会全国酒类产品质量安全诚信推荐品牌。

| 黄酒 |

平凉各地都会酿造黄酒，其用料不同，味道自有差异。新世纪柳湖春酒业有限公司所产黄酒以黄米、麦麴为主料，比较热销。泾川党原、玉都、合道一带用酒谷料配大曲、乌药、甘草酿制，色黄味醇，可活筋壮骨，也受青睐。

9. 罐罐茶

在平凉，罐罐茶较为普遍，而以静宁、庄浪、华亭最为流行。因为熬出来的茶浓度高，提神，是下地干活的男人们的必需品。

熬罐罐不仅仅是在熬茶，也是在追求一种感觉，享受一种独有的闲适。特别是华亭人记录他们熬茶很惬意：烧着自产的炭，用安口窑自产的砂罐，煨烤着自产的麦面馍，茶熬好了，馍也热了，脸上的微笑也露出来了。咬一口焦黄的馍，喝一口浓酽的茶，微闭了眼，好像什么烦心事都没了。

家里来了客人，首先是熬一罐茶。主人热情地招待你坐下，生着火，嘘寒问暖的话匣子也打开了。

如果有了矛盾是非，也在火盆旁说着，喝着，熬着，大事化小了。

若遇红白事儿，主人家必先生上几盆火，哪儿坐人，哪儿商量事儿，哪儿就有茶罐熬着。

有时遇上头疼脑热的小病，一罐茶就能治好。天热上火，鼻塞耳鸣，到院子里采几片竹叶加点白糖，在茶罐里熬一会儿喝下，人感觉也清醒了；天冷感冒，胸闷咳嗽，取几粒杏仁、半片橘皮加在茶里，熬上三次后，把杏仁吃了，咳嗽也就停了。

罐罐茶

有的人会养生，炖茶时加大枣、核桃仁、枸杞、葡萄干，多熬一会儿，那种苦中带甜、甜中有苦的香醇鲜美味儿，那种咽下时的惬意劲儿，只有品茶人才知道。

熬茶熬着岁月，也熬出了智慧。喝着这样的茶，清苦的日子也觉得不苦了。

九、休闲娱乐

平凉是个养生福地，休闲娱乐成为时尚，一大批生态、休闲、观光、娱乐的旅游景区（点）相继向游人开放；由一批非物质文化遗产拍成《一脉心香》的电视专题片在全国各地电视台播放。

1. 寓景于乐

有崆峒区天门生态农业示范园、清街高效农业示范园、东川高效农业示范园成为新的农业观光园区，还有“崆峒大道风情游”“农家乐乡村游”“崆峒休闲度假游”3条精品线路。

泾川田家沟生态风景区，有休闲服务场所9处，游乐服务项目30多项。

另外还有静宁县李店河流域10万亩果品出口创汇基地，静宁大地滩生态农业观光园是田园风光、现代新农村休闲、生态高科技结合的乡村休闲旅游基地。

泾川田家沟生态风景区

2. 寓乐于戏

春官诗。平凉正月里闹社火少不了春官诗（静宁人叫“撇驿丞”），它是社火中的“亮点”。在锣鼓声中和秧歌、高跷、高抬表演队伍的伴随下，春官触景生情，出口成诗，赞美生活，讴歌盛世，形成了富有地域特色的口头文学，表现题材丰富，内容诙谐幽默，或七言或五言，春官说得轻松潇洒，围观之人听得惬意畅然。

高抬。是静宁、庄浪社火表演的主要部分，由农历正月初一人们执火棍、戴面具，迎神驱疫衍变而来。前些年，静宁威戎高

庄浪高抬

抬的名气大，现在，被庄浪高抬“盖了帽”。高抬中的角色，都由乳气未脱的幼童装扮，置身于彩条、绸布扎造的山水、花木或瑞兽中，巧妙而牢固地附在高架上，奇巧的内部构造被很好地掩饰起来，表演时车架缓缓前行，矗立于四五米高处的人物造型，随之飘飘摇摇，凌空展现，大有从天而降之势，观者见其神奇造型，似乎真的获得了一种超凡的能力，令观众产生视觉上的离奇感受。

曲子戏。这种早在唐宋年间就已形成的曲艺形式，以秦腔为底蕴，吸纳融合了元、明杂剧的曲牌、词令、民歌小调，形成了平凉独具特色的表现形式和曲调。曲子戏常用曲牌约100个，与陕西眉户同出一宗，但在音乐的旋律、风格、曲牌种类、演唱形式和剧目等诸多方面又有明显的差别。相比之下，曲子戏更具原

华亭曲子戏

始、古朴、粗犷的韵味和浓厚的陇东地方特色。华亭曲子戏现已成为国家级非物质文化遗产保护项目，庄浪县的“南湖眉户”（即曲子戏）也被列为省级非物质文化遗产保护项目。

“天大的难肠事，大家伙笑笑闹闹、唱唱念念就舒解了。”正月初五至二十三日，是曲子戏演出最为集中的时段，这是一道年关里最丰盛的精神大餐。

灯盏头戏。灵台的灯盏头戏，因以“灯盏头”的敲击节奏来引领其他乐器的演奏而得名。灯盏头戏约有400多年的历史，原本是灾民们在乞讨觅食时的一种民间小调，渐渐地吸收了关中道情等音乐元素和行腔特点，逐步演化而来，行腔委婉，缠绵悱恻。和着满屋子的烟草味，灯盏敲击的声响刺透昏黄的灯光，在屋外的蒙蒙细雨中荡漾。现为省级非物质文化遗产保护项目。

皮影戏。又叫“灯影子”“牛皮娃娃”。灯盏头戏与皮影戏这种特殊的表现形式结合，在民国时期红极一时。用灯盏头戏说唱皮影，敬神祈福，故事触动人心，有一种无言的苍凉，传递的情感却饱含温度。

平凉最早的皮影戏班是庄浪县的“福盛班”，距今约有400年了。皮影戏多用秦腔、灯盏头戏、曲子戏、眉户等剧种的唱腔演唱，演出剧目十分丰富。

【资料链接】皮影源于秦人　传说秦始皇的儿子胡亥生下来整天啼哭不止，但有一天，他看到窗子上的人影便不再哭了，人影离开，他又啼哭起来。于是秦始皇命人雕刻出人的形状，让人在窗户上不断地表演下去，胡亥不哭了，影戏也由此出现了。陇东是皮影的故乡，其刻制原料、雕刻刀法非常讲究。平凉马德昌是全国著名的收藏家之一，收藏的皮影艺术品，大都出自陇原一带，部分精品被选入《中国美术大全（民间美术分册）》。有奥地利等国专家曾专程到平凉访问，将其部分有地域特色的精品介绍到了国外。

木偶戏。木偶戏是以秦腔、眉户为主要唱腔的表演剧种，在灵台又融入了地方特色浓郁的灯盏头戏。1978年前后，木偶戏火遍了整个灵台及周边，曾成立了灵台县木偶剧团。为了能看上木偶戏，村村社社杀猪宰羊炸油饼，跟过大年一样。演出时，挂

木偶戏

一幅高过人头的帷幕，将木偶举过帷幕之上，操作木偶的艺人们通过一根与头相连的命杆，两根与手相连的手杆操作表演。尤其是木偶头部制作工艺，由泥头发展成木雕头，又演变到用锦纸盔成后再上彩，表演起来轻便灵活，眉眼生动，光彩照人。

崆峒笑谈。夏日的午后，崆峒区热闹而嘈杂的茶馆里，人们围坐一团，却不是为了喝茶品茗，而是为了那三尺舞台上的欢笑。崆峒笑谈也叫“崆峒笑摊”“崆峒笑坛”，是一种以逗乐取笑为主的民间小戏，其形成时间大约在宋元时期，成熟于明清，盛行于清末和民国初年。崆峒笑谈的多数剧目是以说为主，以唱为辅，行当仅有丑、生、旦 3 种，以丑行为主。崆峒笑谈都是老百姓们自编自演的民间小戏，给人们带来了实实在在的欢乐。已被

崆峒笑谈

列入省级非物质文化遗产保护项目。

山梁走唱。崇信县新窑镇后庄村山梁社及西刘村，孕育出了“山梁二人转”这一艺术奇葩，至今已有200余年历史，现在已是甘肃省非物质文化遗产保护项目。

这是一种与相声颇似的曲艺形式，有说有唱，风趣幽默，又称为“丢丑”“尴场子”。

仙鹤舞。仙鹤舞是源于生活的一种舞蹈，也是一种只有在平凉才会看到的舞蹈。仙鹤舞的形成与道教在平凉的传播有一定的关系。道教认为仙鹤是象征吉庆祥和的神鸟，而仙鹤舞的伴奏音乐恰有《西方赞》之曲，其伴奏音乐具有道教庙堂音乐清雅、深邃、飘渺恬静的韵味，伴奏乐器主要有笛子、二胡、云锣、小鼓、碰铃等，同道教法器相似。

仙鹤舞由一名美丽的“仙女”领舞，带领“仙鹤”们边舞边变换队形。演员们形象逼真地模仿着仙鹤的各种姿态，轻盈潇洒，细腻传神。

3. 寓乐于民俗

“端灯”。在崆峒区东部和泾川、崇信、灵台等县的乡村，仍流传着“端灯”的风俗：结婚第一年的新娘不能在男方家过元宵节。这天，新婚头年的小夫妻要早早回到女方娘家来，对新娘来说称之为“躲灯”，对新姑爷来说叫“端灯”（也叫“背猴灯”）。新娘的母亲和亲戚就开始将酒谷面或黏糜子面调和、蒸熟，先揉成两三厘米粗的条，然后切成四五厘米长的节，请来的姑娘、媳妇和老太太们围坐在一起捏面灯。面灯的数量有讲究，要捏制出姑娘父亲年龄10倍以上的面灯，一般都要捏四五百个，寓意福寿延年。这种特殊仪式，其乐融融。

端午。平凉的端午节隆重而祥和，吃、玩之外，便是享受休闲，连耕地的大家畜也“放假”一天，是一年中最快乐的日子之一，蕴含着深厚的地域特色。除吃粽子外，还有蒸晶糕、炸油饼，做莜麦“甜醅”;戴“花花绳”(也叫“戴戒绳”),将各色的线捻成绳，系在小孩的手腕和脚腕上，意在避邪、避蛇；“叼荷包”，荷包俗称“要活子”“绌绌”等，因其内装有香料，又称“香包”。平凉人戴荷包可追溯到明代。静宁、庄浪一带曾有“点高山”的习俗，以点火把游行的方式来纪念介子推。点火要请村子里有威望的人点第一把火。火着了，映红了人们的脸庞，伴随着小孩们“碰鸡蛋”“打扣线”等游戏，大人们开始“游牲口”(赶着牛马驴羊围着火堆转，说是驱邪消灾、祛百病)，大多数人不顾烟尘，坐在山头观赏，火龙飞舞，恰似无数颗星星在银河闪动，似乎是继承了远古点“烽火”的习俗。

十、平凉特产

平凉特产原本很多，但随着岁月的变更，一些被代替了，一些失传了，一些又重新再现了。

宋代，静宁的甘草是贡品，静宁葵花曾经很有名，静宁鸡是甘肃的地方优良品种，而今倒是“烧鸡”留名，苹果独领风骚。

庄浪的蕨菜能清热解毒、利湿润肠、补脾益气，还可强身健体，堪称“龙菜”。

华亭陶瓷，从宋代开始生产，明代有“陇上窑”之称，产品销往 10 多个省，后来随着景德镇瓷器的畅销，华亭的风光不再。

平凉雕漆深受国内外消费者的青睐，大英博物馆收藏有明代弘治二年（1489）平凉人做的剔红楼阁人物圆盘，工艺精美。

平凉裘皮为古时平凉的特产之一。平凉自古就是重要的皮毛集散地，明清时期，平凉的制裘业已相当兴盛。民国以来，平凉皮毛制品不仅内销全国，而且远销日本和欧美。

平凉地毯

灵台、静宁的地毯曾经销往美国、瑞典、日本等 20 多个国家和地区，为平凉换回了花花绿绿的外币。

1. “平凉金果”

平凉能冠“金”字的只有苹果。“平凉金果”是国家商标局注册的第一个市级苹果类证明商标，成为平凉第一特产。

2003 年初，平凉以独特的地理条件被农业部划入西北黄土高原苹果优势区、全国苹果最佳适生区。崆峒、泾川、崇信、静宁、庄浪被国家列入“名优特经济林示范（区）县”，静宁、泾川两县获得国家绿色食品 A 级产品认证，并分别被授予“中国苹果之乡”。但是，真正让平凉苹果有“金”光的是静宁苹果。

目前，静宁苹果出口国家主要有泰国、缅甸、菲律宾、印度、印度尼西亚、俄罗斯等。

2. 平凉牛肉

“平凉红牛”成为全国第一个活牛类证明商标，优质的平凉牛肉经国内外权威专家鉴定达到日本 A5 级标准，取得了直供国家运动员的“入场券”，建成了供港肉牛养殖基地。

目前，平凉红牛系列产品销往北京、上海等 20 多个大中城市，开通了以俄罗斯及沙特、伊朗、巴勒斯坦等国家为主的国外牛肉直接或间接出口渠道，取得了直接供港高档活牛配额资质，每年直接或间接出口牛肉系列食品 1000 多吨，大力提升了品牌影响力，有效地促进了平凉牛肉产业的发展。

平凉，因牛而富，因牛而兴，因牛而“牛”，关键是红牛肉确实好吃。

红牛交易市场

3. 平凉百合

俗话说，平凉有三宝：“百合、山药、羊皮袄。”明代，封藩于平凉的韩王，曾“把百合作为贡品，献送京都……长安、京津、

平凉百合

湖广等地当时都争相引种，蒙受博爱”。平凉百合个大，质地绵，鳞片清白肥厚，无纤维，清甜味美，含蛋白质、蔗糖量高，并含有果胶质、脂肪、淀粉、矿物盐以及多种维生素、生物碱、淀粉等成分，是营养丰富的名贵蔬菜，堪为滋补佳品。

4. 平凉山药

西北名产，“平凉三宝”之一。平凉山药耐旱耐阴，薯块圆大，呈鸡腿状，肉质白中微黄，质地细密，有黏汁，富含蛋白质、胆碱、甘露多糖、维生素C和氨基酸等多种成分，营养丰富，为高级补品，亦可治风湿性关节炎等病症。

平凉山药

5. 灵台牛心杏

灵台牛心杏，产于灵台达溪河流域，有160多年的栽培历史。因其个大，外形似牛心而得名。色泽鲜艳，汁多味浓，甜酸适口，富含糖、钙、磷、铁元素及多种维生素，核仁可食可药，是全市大宗出口商品之一。

6. 平凉黄花菜

平凉黄花菜是平凉传统出口商品之一，主产于崆峒及泾川、灵台，年产25万公斤。其肉厚条长，香气浓馥，色泽黄润，营养丰富，味美可口，为菜中之佳品，也是保健食品，驰名国内外。

7. 华亭核桃

华亭核桃具有个大色白，皮薄肉饱，出仁率高，且味香、口脆，有低灰分、低水分、高蛋白、高脂肪等特点，是营养丰富的食品，并有顺气、补血、温肠、补肾、止痢健胃、滋润皮肤等功效，是平凉传统出口商品之一。

灵台牛心杏

华亭核桃

8. 白瓜子

白瓜子主产于崇信、灵台。子大仁饱，皮薄色白，面平，含有大量挥发油，营养价值高，食用味美酥香，风味甚佳，系高级食品辅助原料，是出口商品之一。

9. 泾川红枣

泾川县年产红枣约 2000 吨。红枣营养和药用价值很高，含有碳水化合物、蛋白质、维生素 B 、维生素 C 及钙、磷、盐酸等，枣心、枣仁、枣皮均可入药，有益气、补血、养肾、安神之功效，是理想的滋补品。

10. 静宁洋芋

种洋芋的地方多，而真正好吃的洋芋少。静宁县原安、灵芝、三合、曹务、古城等乡镇的洋芋，块大皮薄、肉质细嫩、出粉率高，食味好、耐贮存，得到人们普遍的好评，市场越来越宽广。据检测，块茎中干物质总含量达 22.1%，淀粉含量为 16%~18%，维生素 C 含量达 32.1mg/100g。

静宁洋芋

庄浪粉条

11. 庄浪粉条

庄浪粉条以优质洋芋为原料，淀粉含量高，具有耐泡、韧性高、口感柔滑、保质期长等特点。小包装水晶粉条系列产品，已成为馈赠亲友之佳品。

12. 平凉药材

平凉自古以来就是“百草乐园”，是各种药材的适生区。华亭、庄浪、崇信靠近关山，当地老百姓除采挖野生药材外，大量种植中药材，并成为当地的支柱产业。民国年间，国民党元老于右任在《崇信道中》写道：“蹀躞深山里，探奇记不详。野人都望岁，植物自分疆。处处生甘草，家家种大黄。”在另一首《度陇杂诗》中这样写道：“路出华亭县，大黄叶如扇。日炙或淋雨，皆能覆君面。”现在，这一带生产的中药材主要有党参、黄芪、甘草、独活、大黄、贝母、冬花等，质量上乘，闻名西北。

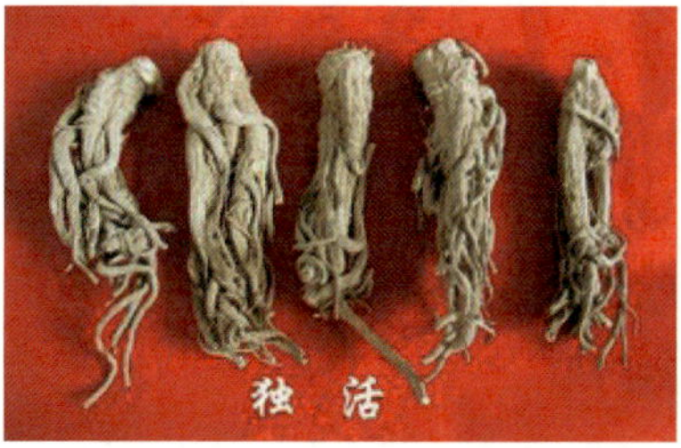

华亭独活

华亭大黄

十一、工艺纪念品

1. 纸织画

平凉纸织画是一种民间传统工艺，距今有千余年历史。历史上曾与杭州丝织画等并称为中国四大家织。工艺美术师王天波研制发明了第一台纸织画织机，并被国家专利局授予发明专利。2008 年，平凉纸织画被列入《甘肃省非物质文化遗产保护名录》。

2. 剪纸

逢年过节、婚庆满月，民间素有在窗户上贴剪纸营造气氛的习俗。平凉剪纸遍及城乡，人才辈出。2019 年 9 月，甘肃省文化旅游经贸推介会在日本东京举办，平凉剪纸艺术家何霞作为甘肃非物质文化遗产之剪纸项目的代表，在会上举办了剪纸作品展及剪纸艺术现场制作展示，为日本国民了解平凉非物质文化遗产打开了一扇窗口。

平凉剪纸风格简洁明快，题材多为飞禽走兽、民间故事、戏

平凉纸织画

何霞剪纸作品

曲人物、四季花卉等，其形式有门花、炕窑花、窑顶花、箱柜花、粮囤花、灯笼花、喜花、吊帘花、礼花、寿花和刺绣用的底样等。

3. 刺绣

平凉刺绣高手多在民间，她们所绣各种荷包、裹肚、童帽、童鞋、童衣、枕头、钱包、鞋垫等，图案新颖，造型逼真，做工精细，色彩鲜艳，体现出浓郁的地方特色。

4. 毛笔

庄浪毛笔制作历史悠久，做工精细，用料考究，选用优质羊毫配制而成，刚柔相宜，兼备“尖、齐、圆、健”四大特点。在“秦俑杯”国际书画大奖赛中荣获文房类金奖。

庄浪毛笔制作

第三单元

百闻不如一见

龙泉窑青釉镂空花瓶　元代

　　华亭县出土。高18.5厘米，口径3.6厘米，底径6厘米。由内瓶、外瓶两部分组成，内外瓶在颈部和肩部处套接，系使用分体单烧的方法制成。通体施青釉，釉层肥厚滋润，宛若青玉，釉色青翠怡人，使人赏心悦目。属国家一级文物。

王蒙　崆峒山，相见恨晚

2012年秋，著名作家王蒙游览崆峒山。2018年2月他在《人文平凉》的序中写道："登临崆峒，正西北晚秋，但见峰峦雄峙，危崖耸立，林海浩瀚，霜染七彩，梵音阵阵，有如天籁，真是南雄北秀集于一山，让人的心身为之放松和休憩。我登过中外许多名山，但崆峒山之奇绝峭拔，令我击节赞叹。当陪同的平凉朋友问我观感如何时，我说：'崆峒山，相见恨晚啊！'"

十二、平凉城区

一望便知崆峒区

走近崆峒区,你便走近“梦幻”,走进“塔影河声”里。

崆峒,“形之美”“道之美”“德之美”皆备,真正的“天地大美”。它是一块巨大的磁石，你不去也会被吸引了过去。

当年，相传黄帝踩过的一段路上，留下了千古第一问。丝绸之路最难打通的这段路上，编织了无数个梦。

走在这条路上,便能领悟出“顺其自然”的“大道”真谛，也能看懂“天人合一”的“大美”之韵。

崆峒区，为平凉市委、平凉市人民政府驻地，总面积约 1808.84 平方千米。2021 年，崆峒区常住人口 50.43 万人，城镇人口 33.24 万人。区辖 6 镇 11 乡、3 个街道办事处、1 个示范区。

【旅游关键词】崆峒山，柳湖公园，太统森林公园，南山生态公园，宝塔公园，龙隐寺，歇马殿，平凉市博物馆，泾河风情线，平凉羊肉泡，平凉八大碗，平凉酿皮。

| 崆峒山 |

到达：乘 1 路、9 路、13 路公交车可达崆峒古镇，转乘上山专线车。有多路公交车可转乘至崆峒古镇，还有东湖—崆峒山观光旅游专线车。乘出租车按里程计费。

开放时间：07:30-19:00（4 月—10 月）；07:30-18:00（11 月—3 月）。

门票价格：120 元 / 人（4 月 1 日—10 月 31 日）。

淡季：60 元 / 人（11 月 1 日—3 月 31 日），携程、途牛等网站可以预订。观光车车票：往返 50 元 / 人。

售票时间：7：30-16：30（4 月—10 月）；8：00-16：00（11 月—3 月）。

崆峒山距平凉市区 12 千米，主峰海拔为 2123 米。崆峒山除获得了国家首批 AAAAA 级旅游景区和前文列举的诸多“桂冠”外，还有“中国最具吸引力的地方”“中华民族文化生态旅游最佳目的地”和“中国最具投资价值旅游景区”等荣誉称号。崆峒区成为丝绸之路上的热点旅游景区和甘肃省黄金品牌旅游景区。有一年“五一”小长假，崆峒山人气指数位居全国第三，仅次于

崆峒雪景

上海东方明珠电视塔和北京故宫。

“远分秦陇三川水，收尽昆仑万里山。”明代著名文学家、平凉籍诗人赵时春的两句诗，道尽崆峒山的气势。王蒙晚年太迷恋崆峒山，在《明年我将衰老》中激动地写道：“这是一座早负盛名，却又常常被虚构成邪门歪道的山。它的样子太风格，它不像山而像狂人的愤怒雕塑。它太冒险，太高傲突兀，拔地而起，我行我素，压过了左邻右舍，不注意任何公关与上下联通、留有余地。空同不随和，悬崖峭壁，树木和道观，泾水和主峰，灌木和草丛，石阶，碑铭，牌坊，天梯，鹰，和山石合而为一的建筑与向往。天，天，天，云，云，云，与天合一，与云同存，再无困扰，再无因循。多么伟大的黄河流域！”“我这里有黄帝，有广成子，有衰老以前的肌肉，有不离不弃的生龙活虎，愿望、期待、回忆、梦、五颜六色、笑靥、构思策划，邀请函件，微信与善恶搞。有渐渐出场的喘气。当然不无咳嗽。本应该成为剑侠，本应该有仙人的超众。我将用七种语言为你唱挽歌转为赞美诗。我已经有了太极。即使明年我将衰老，现在仍是生动！明年我将离去，现在仍然这里。你走了，你还是你，谁也伤不了你。我攀登，我仍然山石继世长。哒哒哒哒，我听到了自己的拾级而上的脚步，我像一只小鸟一样地飞上了山峰，登上了云朵，我绕着空山——崆峒飞翔了又是飞翔了。我仍然舍不得你，亲爱的。我永远爱你。”

登上崆峒山，人的内心会变得豁达。一只仙鹤，一扇门，一盘棋，一个黄昏，不由得会让你浮想联翩。看到高峡平湖，水天一色，你在欣赏“有北方山势之雄伟，又兼南方景色之秀丽”的

问道宫

景致时，埋在内心深处的感受才会迸发出来。明代有个叫马文升的官员，游崆峒山后想辞官归隐，“偶上崆峒万仞山，恍疑身在碧云端。遥看华岳峰三垤，俯视秦川弹一丸。雨后苍龙归石洞，夜深玄鹤下瑶坛。何须更问蓬莱岛，此地令人欲挂冠”。台湾归来的一位和尚回忆道：“九岁随父上山，看到山绿绿的，信口说我不想回去了，谁知一辈子当和尚，老了骨头也会留在这里。”

在这里必须要交代一下，崆峒山因何而得名？一说是古为空同氏族居住之地；二是崆峒山为道教圣地，取道教空无、清静之意；三是崆峒山洞穴太多，空空洞洞。“道可道，非常道；名可名，非常名。”我们就不去考证了，只要记住《尔雅》一书的“北戴斗极为崆峒”就够了。崆峒山正位于北斗星座的下方。

八台九宫十二院、四十二座建筑群及七十二处石府洞天，每个地方都有故事。最著名的是黄帝问道广成子，求治国理民之道；秦皇汉武登临，寻求长生不老之术。这些留给导游去讲。需要提醒的是：

1. 如果坐车到中台这个“枢纽”，一般礼佛的人朝东走，才能去“法轮寺”“凌空塔”等佛门之地。法轮寺与凌空塔相邻的宏伟建筑群乃法轮禅寺，毁后于 1993 年动工修复，1999 年 6 月告竣。当然，东台也曾有元代修建的宝庆寺，兴盛一时。大殿内有彩塑十大魔王，形象生动，堪称一绝。有清代修的关圣帝君庙，后皆毁。访道求道奔西边主山，道家主要建筑真武殿等早已占据此地，好像“道源圣地”皆源于此山。

2.“问道宫”和“问道处”不是一个地方。“问道宫,问道宫,进门听不到水吼声。”这句平凉地方的俗谚，说的是崆峒山南台之下的“问道宫”，在泾河岸边。“黄帝问道处”在上天梯一侧，有摩崖刻字。

3.关于崆峒山的诗文名句很多，登上山体味一下古人诗文的精妙，在山水与诗歌中品读崆峒山，便不虚此行了。杜甫有“防身一长剑，将欲倚崆峒”之句。李白诗曰 :“本家陇西人，先为汉边将。功略盖天地，名飞青云上。苦战竟不侯，当年颇惆怅。世传崆峒勇，气激金风壮。”骆宾王诗云 :“河流控积石，山路远崆峒。壮志凌苍兕，精诚贯白虹。君恩如可报?龙剑有雌雄。”游师雄诗云 :“昔闻广成子，不为外虏役。轩辕屈至尊，稽颡请所益。至今洞犹存，峭壁宛遗迹。”“崆峒一何高，崛起乾坤辟。”毕沅诗云 :“西极冠名山，真灵实萃此。”谭嗣同诗云 :“斗星高被众峰吞，莽荡山河剑气昏。隔断尘寰云似海，划开天路岭为门。松拏霄汉来龙斗，石负苔衣挟兽奔。四望桃花红满谷，不应仍问武陵源。”

亮点和看点 :

1.“动植物园”。崆峒山植物总数有 1000 余种，其中蕨类植物 30 种,裸子植物 17 种,被子植物 881 种。古树名木尚存 50 余棵。有药用价值的党参、黄精、猪苓、灵芝、银杏等 50 多种。崆峒山动物有 270 种，其中无脊椎动物 84 种，脊椎动物 186 种。列入国家级保护动物的鸟类有黑鹳、苍鹰、大金雕、灰鹤等 10 多种;

凌空塔

哺乳动物中列入国家级保护动物的有豹、林麝、石貂和金猫等。

2. 弥陀寺前有古柏 1 株，树高 21.5 米，树径 1.21 米，树围 3.8 米，据测已有千年树龄，却仍然枝繁叶茂，生机盎然，这也是崆峒山上树龄最大的一棵柏树，因此被称为“千年华盖”。另有 1 株紫果云杉，位于招鹤堂院内，树径近 0.8 米，高达 16 米。奇特之处在于它是松身柏叶，每年四五月开花，开的花在太阳的照射下，五颜六色，像孔雀开屏一样，因此又取名为“孔雀柏”。

3. “山水画卷”。“崆峒得泾而势愈雄”,“舍泾则无以见其尊”。崆峒山前有泾水映照，后有胭脂河环绕，两水于山之东侧望驾山脚下汇而为一，滔滔东去。崆峒山前的泾水，如游龙穿山越谷，水流风鸣，淙淙有弹筝之声。从泾水之源至崆峒山，两岸峥嵘，

弹筝湖

水清见底。水色天光，山姿云影，相得益彰，如诗如画，既呈秀丽之艳，又现雄浑之美。加之崆峒山云雾变幻莫测，或若飞絮，或似堆棉；时与峰顶比高，同绿树争胜。有诗为证：“上山直上山之巅，五色祥光映晓烟。鸟道云冠迷去路，深沟雾锁听流泉。”

【名人游记】贾平凹《路记》 崆峒是一座极雄伟豪华的建筑，进入它，前山有路，后山也有路。前山路是砭道，近，细瘦如绳，所有的平民在这里攀援。后山是车路，远而弯曲迂回，不能通行大车，只有坐小车的人走。山对于人都是自然，路于人却有层次，这是佛道也管不了的。

但不论前路后路，路面都不平坦。美好的境界是不可轻易而得的，所以一满石头，花白滚圆，思想得出这又是雨天的水道。到了八月，萧萧落叶，又一起集中在路上，深余四指，埋没一切凹凸，灿灿辉煌，如进圣殿的地毡。到了山中，看四个井字形峰头，路更不可捉摸，几乎是随脚而生，拐弯，便以树根环绕，到崖嘴就有楼阁，路又穿过楼阁下门洞，青石铺成，起津津清凉。直到悬崖陡壁前了，路一变而成石凿台级，直端端如梯，梯甚至向外凸，弓一样的惊险。有一“黄帝问道处”，黄帝且不知路该何处走了，游客更觉前途不测。回首路又不复再现，一层群木波涌，满世界的杂色。一步一景，步步深入，每每百步之处，其景则异变，令人不知身在何处，惊奇良久，方醒悟到人间、仙境果有不同啊！

行至最高峰，谁也不知是从哪里来，又要从哪里归去，路全然消失，唯见山下泾河长流乃及远，身旁古塔直上而成高。这个时候，崆峒的自然同一个人的自然，佛道若真有神灵，神灵视人是一类的，人从不同的路来，路将人引到共同的高点，是人皆享到了极乐。

4.“文化长廊”。一入崆峒山，无论是站在山门前仰视牌匾，还是驻足上天梯边凝视悬崖摹刻；无论你是抚摸石碑雕龙，还是观赏飞檐斗角，你都会无意间发出惊叹，你会默默地许下再来的

上天梯

通天桥

心愿。

崆峒山是平凉丰富的文化长廊之一，真乘寺东侧曾有藏经楼，曾先后藏有两万余册典籍。

作为游客，到了山上，首先“品”到的是建筑：唐初始有僧人和道士先后开创寺院和宫观，历宋、元、明、清至民国，鼎盛时期，琳宫梵刹达42处，房屋650余间，其显要者有“八台九宫十二院”。今天能看到的有明代创建的三官殿，位于雷声峰山脊；有明代万历四十一年（1613）创建的雷祖殿，位于雷声峰中部；而皇城真武殿、太和宫，建于宋太祖乾德年间，毁于清初，康熙十五年（1676）重修。其次，“观”亭廊塔幢：宋时有会景亭、参云亭，元代建有眺丰亭，其后有笄头山亭、栖云亭、望山亭、六角亭、丰乐亭，皆废。后重建栖云亭、观景亭和黄龙泉亭及四角亭。1997 年在朝天门路旁建太阳掌亭。崆峒山中台有建于宋代且保存较完好的七级八角凌空塔，为阁楼式砖塔，高 32.6 米，底座周长 32 米。现存的还有普通塔、灵秘塔、隐相塔和大彻塔。崆峒山的石经幢系北宋建中靖国元年（1101）刻制，今存于法轮寺院内。第三，“看”碑碣造像：崆峒山有 80 多通碑碣保存完好。至元十五年（1278）所立《创修崆峒山宝庆寺记碑》、至正十七年（1357）刻立的《重修崆峒山大什方问道宫碑》等，均有很高的史证价值。各寺观原有铜质造像约百尊，现存 60 余尊，泥塑造像数不胜数。第四，“看”钟炉匾额：“天圣铜钟”铸于北宋天圣七年（1029），今存于平凉市博物馆钟亭。铜香炉铸于明崇祯三年。毕沅题字匾系乾隆四十一年(1776)题赠,仍悬于皇城献殿。民国周务学题“万代道宗”木匾仍存，于右任题“招鹤堂”门匾毁于 1959 年。

5. 崆峒庙会。四月初八这一天，是佛教创始人释迦牟尼诞辰，这一天要举行隆重的诵经活动。崆峒山作为“道、佛、儒”三教共存的宗教圣地，更是吸引了大批善男信女慕名而来，来自全国各地的信众云集在大雄宝殿前庭，为纪念佛祖的诞辰，举办大型佛事活动。点灯、上香、摆供、叩拜，所有的一切都是那么虔诚，满山香客、袅袅的烟云与崆峒胜景构成了一幅美丽的画卷，时间消解了祭祀的神圣意味，而仪式则作为最精髓的传统文化，在岁月的长河中沉淀了下来。崆峒山庙会是陇东地区最盛大的庙会。

当然，大多数人还是喜欢“揽胜”，赞叹自然，只有一部分

道教、佛教活动

人到皇城北的天仙宫（俗称“子孙宫”，初建于明代，供奉送子娘娘，乃民间求子之所）烧香，也有人去“打儿窝”投石的，各随心愿罢了。

到香山，别忘了去崆峒山地质公园地学博物馆。

人们喜欢在棋盘岭驻足，感受清风习习、松涛阵阵中广成子、赤松子对弈的乐趣，趁此回望险峻的雷声峰，俯瞰潋滟波光的水库，舒一口气也觉得不同于别处。近年，在这里已举行过多项国际棋赛，2019 年 9 月，平凉被授予“全国围棋之乡”的荣誉称号。

“崆峒崆峒，遍山空洞；洞洞相连，山山相通。”说起崆峒山的洞来，最驰名的就要算玄鹤洞了。这里有一段耐人寻味的故事：玄鹤本来是广成仙师座前的仙童，他去龙门洞取煮茶的玉液琼浆，与龙门洞里看守玉液琼浆的玉女产生了爱情。广成仙师十分恼怒，便将玄鹤打入一个上不沾天下不着地的石洞中，命他潜心悔过，洗去凡念。玉女为救他便盗来龙宫开山珠，从龙门洞一路寻来，直到找见玄鹤童子。她走过之处便留下一条地下通道，崆峒山与龙门洞也便连通了！

立于东台，还可望高插入云的香山，可眺平凉古城。1939 年国民党元老于右任登崆峒山时曾题“卧观平凉”的匾额。

在中台，人们喜欢排队在胡耀邦题“崆峒山”石碑前留影，或在金庸题“崆峒武术，威峙西陲”石碑旁看崆峒武术表演。

【资料链接】崆峒武术　崆峒武术，源于道家文化，与少林、武当、峨眉、昆仑等武术流派齐名。崆峒派传人燕飞霞曾在 1956 年全国武术观摩赛上获冠军。1957 年，她随中国武术团赴缅甸表演，获剑、枪、拳、掌、拂尘等 5 项冠军。崆峒武术与道教文化紧密相连，奇诡独特，实为我国武术界的一朵奇葩。2001 年 5 月第一

“峻极于天”牌坊

崆峒武术

届崆峒武术节在崆峒山隆重举行，武侠小说泰斗金庸先生欣然题词“崆峒武术，威峙西陲”以示祝贺。

| 柳湖公园 |

到达：乘1路、4路、8路、9路、13路、18路、19路、21路、22路、23路、26路、36路、39路公交车和旅游观光专线车均可到达，东南西北门都可以进出。

开放时间：全天。

门票价格：免费。

国家AAA级旅游景区。

柳湖公园在平凉市中心，占地面积133亩，其中西湖深1.5米，东湖深2米~3米，湖水面积32亩，是陇东著名的自然山水园林。有作家把柳湖比喻成“平凉的眼睛”，“来这里戴上柳湖之眼，再

柳湖公园北门《平凉赋》石碑

用湖水把自家眼睛擦亮，才可看出平凉的山河之美”。

宋英宗治平四年（1067）四月，进士出身的蔡挺，以龙图阁直学士身份任渭州知州。期间，人工挖巨池时不小心泉水涌出，才有了“暖泉”，引泉水围成湖，沿岸植柳。元代，称“柳湖泉”。明代朱元璋将第二十二子安王朱楹分藩平凉。嘉靖八年（1529），韩昭王将湖“筑墙三仞”，圈成韩王府的后花园，大兴土木，“亭榭十数，花卉竹木千数。环以清塘两重，通画舸，植菡萏、茭蒲，畜金鲫、鲤鱼、鳖之属万计，水陆之鸟群集翔泳”，景色很美，时人赋诗称赞：“花底游鱼青障里，柳塘云拥碧荷天。”“横野山为带，连天城作屏，泉光随地绿，树影入潭清。”“细浪排鱼阵，长空度雁联。凌波休笑影，已在碧云间。”柳湖旧有八景：温泉漱玉、西湖映月、雁荡绿洲、葫芦宝岛、莲心喷水、山石瀑布、孤岛仙子、东湖荡舟。景致好是好，可是百姓只能隔墙而望。朝代更替，韩王走向没落，公园自然颓然荒废，风光不再。但风水轮流，宝地蕴涵文脉。清乾隆年间，建立书院，“阶前桃李从新植”，污泥浊水得荡涤，楼台亭榭，泉石相激，寓目怡神之景象“甲于关陇”。一时“波涌千层藻芹竞秀，春生四座桃李争妍”。

左宗棠在平凉接陕甘总督大印，命魏光焘重建柳湖书院，并植柳数千株，人称“左公柳”。左宗棠亲书“柳湖”匾额，并写暖泉碑：“平凉高寒，水泉甚冽，此独以暖称。验之，隆冬不冰也。”左宗棠显然对平凉的文化底蕴有着深刻的认识，平凉文脉浸润着崆峒山“顺其自然”的大道精华，它将借助柳湖书院的载体，影

夏日柳湖

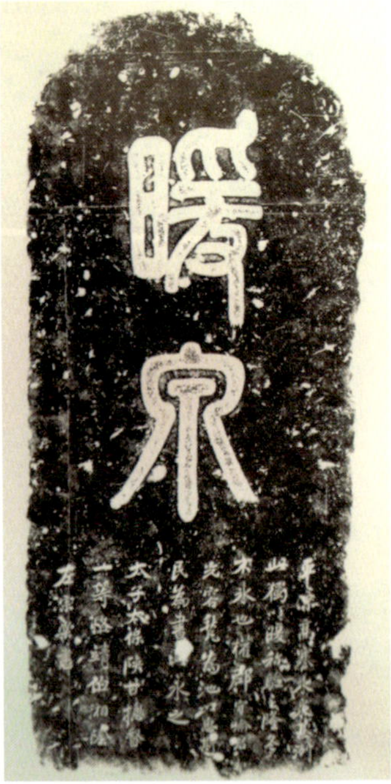

柳湖暖泉碑

响一代又一代人的德行品格与追求人生大道的思维方式。

书院后成陇东官立中学、师范学校，直到1958年复为柳湖公园。

整个园内，各种针叶、阔叶乔木近20种，其中柳树最多。1998年8月出版的《甘肃森林》记载，全省境内的左公柳只剩202棵，柳湖公园就有187棵。

亮点和看点：

柳湖晴雪。“浪”柳湖最妙时在阳春三月，柳絮如雪，随风而起，飘洒纷扬，游人被罩在如烟似雾之轻纱中，佳境妙趣，难以言表。“柳

重修暖泉碑
明韩昭王拓荒为
莳草移花作苑圃，鸟
鱼跃于渊，遂尽
人杰左公见有池
诸贤课士育才，题碣
遂显地灵。
当此之世，政通人
补坠修废，浚池增景。
建小康和谐。
功在当代利在千秋
记之，以启后昆。

重修暖泉碑

柳湖泛舟

“柳湖晴雪”牌坊

湖晴雪”压倒“平凉八景”，这大概是古代文人雅士的心情。现代人寻看“左公柳”，以手抚树，读这本岁月的天书，端详这座生命的雕塑，发思古之幽情，抒一己之怀抱，算是另一种心情。烟雨蒙蒙，有情人在雨伞下手牵着手，走在柳树林中十分惬意。我们只要于盛夏坐在“没有香火乱心”的柳树下纳凉，把笑脸映在碧波荡漾的水中，不要以为是在梦中就足够了。因为，新建的游船小码头、儿童乐园、小型动物园、旱冰场等设施，嘈杂的声响掩盖了人们对景色的“共识”。

【名人游记】贾平凹《柳湖》 柳湖在陇东的平凉，是有柳有湖，一片柳林之中一个湖的公园。我却在那里看到了两个湖的柳，和柳的两个湖。

当时正落细雨，从南门而进；南门开在城边，城是坐在高坡上；一到坡沿，也就到了湖边。这是一个柳的湖。柳在别处是婀娜形象，在此却刚健，它不是女儿的，是伟岸的丈夫，皆高达数十丈，这是因为它们生存的地势低下，所以就竭力往上长，在通往天空的激烈竞争的进程中，它们需要自强，需要自尊，故每一棵出地一人高便生横枝，几乎又由大而小，层层递进，形成塔的建筑。从坡沿的台阶往下看，到处是绿的堆，堆谷处深绿，堆巅处浅绿，有的凝重似乎里边沉淀了铁的东西，有的清嫩，波闪着一种袅袅的不可收揽的霞色，尤其风里绿堆涌动，偶尔显出的附长着一层苔毛的树身，新鲜可爱，疑心那是被波光透射的灯柱一般的灵物。雨时下时歇，雾就忽聚忽散，此湖就感觉到特别的深，水有扑上来的可能，令人在那里不敢久站。

顺着台阶往下走，想象作潜水，下一个台阶湖就往上升一个台阶；愈走，湖就愈不感觉存在了。有雨滴下，不再是霏霏的，凝聚了大颗，于柳枝上滑行了很长时间，在地面上摔响了金属碎裂的脆音。但却又走进了一个湖。这是水的湖，圆形，并不大的；水的颜色是发绿，绿中又有白粉，粉里又掺着灰黄，软软的腻腻的，什么色都不似了，这水只能就是这里的水。从湖边走过，想步量出湖的围长，步子却老走不准，记不住始于何处，终于何处，只是兜着一个圆。恐怕圆是满的象征吧，这湖给人的情感也是满的。湖边的柳，密密的围了一匝，根如龙爪一般抓在地里，这根和湖沿就铁质似的洁滑，幽幽生光。但湖不识多深，柳的倒影全在湖里，湖就感觉不是水了，是柳；以岸沿为界，同时有两片柳，一片往上，一片往下，上边的织一个密密的网，下边的也织一个密密的网。到这时我才有所理解了这些低贱的柳树，正因为低贱，才在空中生出一个湖，在地下延长一个湖，将它们美丽的绿的情思和理想充满这天地宇宙，供这块北方的黄色太阳之下黄色土壤之上的繁嚣的城镇得以安宁，供天下来这里的燥热的人得以“平凉”。

这是甲子年八月十四日的游事，第二天就是中秋，好雨知时节，故雨也停了。夜里赏月，那月总感觉是我所游过的湖，便疑心那月中的影子不再是桂树，是柳，恍惚不已，遂记下一段即兴之文。

出北门，便是绿地广场，下边是世纪商业广场，休闲购物极为方便。

2008 年恢复重建柳湖书院，建成“大讲堂”“大成殿”“藏书楼”“魁星阁”“上学舍”“下学舍”等仿古建筑。

绿地广场

| 龙隐寺 |

到达：乘 1 路、16 路公交车可达；也可乘东湖—崆峒山观光旅游专线车。

开放时间：全天。

门票价格：免费。

龙隐寺在平凉城西 3000 米泾河、颉河交汇处的龙尾山间。原名兴教寺，唐太子李亨北上灵武前，曾驻跸于此，后改今名。始建于隋代，唐以后各代均有扩建。明代，韩藩襄陵王“奉为香火，招僧住持，重修增葺”，并“置买田地以为焚修之资”。明末毁于兵燹。清康熙二十九年（1690）正月，有马氏妇人至寺焚香，目睹倾颓，慨然以重修为己任，“苦募十方”，历经十载，增修“上佛殿五楹，左右配殿各五楹”，在原佛殿前“增修砖台一座，韦驮殿三楹”，旧有南门楼也被修饰一新。后来历代增补，建成卧龙阁、潮音洞、玉皇洞、三清宫、王母宫、龙泉、肃宗殿、药王殿、观音殿、老母殿、玉皇殿、子孙殿、斗母殿、城隍殿、文宣王殿、上佛殿、孔雀殿、韦驮殿、财神殿、菩萨殿，上下3层计30楹。

亮点和看点：

1. 唐肃宗“避难”处。登上龙隐寺，你会明白当年太子为什么会选这样一个地方藏身。

龙隐寺与李唐复兴有很大关系。《龙隐寺碑记》载：“神奇土地，自有造化之功；寂静山丘，等待有缘之人……山水相依，草木繁茂；岚霭弥漫，楼阁隐现；神秘幽渺，似入仙境……安史之乱，依平凉赖以安；西进陇首，隐林寺可避难。太子存大智，庙堂当再新。山隐真龙，得壮士三千，良马数万，官军遂振，五色云见，白鹤前飞，生机盎然。灵武称帝，寺改龙隐。”

龙隐寺碑

2. “龙泉滴珠”。几首古诗，写尽龙泉滴珠的妙处。清道光年间诗人赵青藜有“泉乳珠垂露，壶心玉贮冰”的赞语。另有《龙隐寺即景》：“麦浪翻风四月天，轻车晓策渡泾川。绿阴画里藏山寺，碧柳岩阿响石泉。锦瑟旧随梁苑客，霓裳新奏太罗仙。赋诗不必夸彭泽，陶令清高在眼前。”平凉知县杨景彬《招同人前游龙隐寺》诗云：“古刹藏山角，城西揽辔登。繁花开姊妹，韵事集宾朋。茗煮铜壶水，毫濡玉碗冰。崆峒横远嶂，胜景曲栏凭。”皋兰县人赵连魁游龙隐寺后写道：“一到招提境，清光满眼收。繁花经雨艳，古柳弄风柔。山势奇仍昔，泉声冷似秋。亭前饶胜景，况乃客风流。”诗人张文麟《陪登龙隐寺》诗云：“筵开祖帐暂句留，选胜还来宝地游。身近灵泉不敢嗽，恐惊漂社老苍虬。”

【故事新说】魏征梦斩泾河龙王　古典名著《西游记》有魏征梦斩泾河龙王的故事：贞观年间，连年大旱，赤地千里，黎民百姓天天逐魃求雨，就是盼不到一星半点雨水。一天，泾河龙王化作一秀士与一卜卦者打赌，为了赢得此赌，在接受玉帝圣旨之后，故意把下雨的时间和雨点数改变了，结果被玉帝发现。后龙王得卜卦者指点，为了不让被“武曲星”魏征斩杀，便求李世民帮助。李世民与魏征同下一盘棋想稳住他，岂料魏征打瞌睡，在梦中还是斩了泾河龙王。后来鬼魂经常去找唐太宗哭冤，于是属下贴了秦叔宝和尉迟敬德的画像在宫门外，鬼魂就不去滋扰了。

| 太统森林公园 |

到达：乘专线车或出租车可到达。

开放时间：全天。

门票价格：免费。

太统山，古称“都卢山”“苛蓝山”。《嘉庆一统志》载，太统即大统，取统一天下大业之意。太统山位于崆峒山景区东南，呈由西向东走向，长 6 千米、宽 4 千米，海拔 2234 米，是平凉市境内最高的山峰。

山巅有太白庙、菩萨庙、龙王庙、天桥、石窟等，是道教崇奉的“青山圣地”，“太统屯云”为平凉古八景之一。置身于山巅可西望六盘山、崆峒山，南眺关山，北阅五指原，俯视平凉川。

太统森林公园，距平凉市区 8.5 千米，公园总面积 27 万亩，经营面积 21.7 万亩，景区森林覆盖率达 70%，木本植物 33 科 90

原太统山森林公园大门

多种，草本植物 3000 多种，实用真菌 20 余种。栖有金钱豹、梅花鹿、狍子、麝、锦鸡等国家重点保护野生动物 30 多种。因林木青翠，诸峰环峙，以幽静的环境和清新的空气吸引了无数游客，被誉为“西来第一园”。近因成为国家级自然保护区而停止开放。

| 歇马殿 |

到达：乘 1 路、2 路、4 路、6 路、10 路、12 路、13 路、16 路公交车都可到达。

开放时间：全天。

门票价格：免费。

歇马殿在崆峒大道中段北侧，为佛教建筑，主建筑有歇马殿山门、圣母殿、观音堂、土地祠等，主供三霄娘娘。寺内有明代国槐两棵，树龄 600 余年。原占地 12 亩，现存东南一隅，占地仅 3.1 亩。

歇马殿虽小而历史不能小觑。公元 65 年，汉明帝刘庄派遣郎中蔡歆、博士秦景等 12 人赴天竺迎佛取经。两年后汉使梵僧用 8 匹白马驮载佛经、佛像返回，途经平凉时，阴雨连绵不能行，遂歇马于此。蔡歆先回洛阳，秦景暂留平凉护理经卷，借此机会译写经文并传教，月余离去。据说，因白马驮经有功，明帝就将洛阳新建的佛寺命名为“白马寺”，将平凉此店坊改为“歇马殿”。魏晋以后佛法日隆，殿宇建筑初具规模。唐代改为道教宫观，供奉道教的三清、碧霞元君等尊神。“安史之乱”时太子李亨从马嵬坡驰行平凉，也曾在此逗留。

歇马殿大门、大殿

清乾隆八年（1743）后多次修复，后寺庙塑像被毁。20世纪80年代开始逐步恢复。每年农历七月十二日，举办庙会。

丨南山生态公园丨

乘11路公交车到达风景嘉苑站，步行可达；乘1路、16路、21路、23路公交车到人民广场站，步行约1.1千米；乘26路公交车至崆峒区实验小学，步行可到达。

开放时间：全天。

门票价格：免费。

国家AAA级景区。

南山生态公园是平凉城南一道秀丽的“绿色屏障”，占地22公顷。公园充分利用自然生态资源，紧密结合崆峒文化实施建设，

南山生态公园入口

流水花园广场

建成花园广场、音乐喷泉、浮雕文化墙以及自助采摘果园和玉兰园、樱花园、丁香园、银杏园、牡丹园、竹菊园等6个名贵花木观赏园。

其标志性建筑“玄鹤楼”遥对崆峒山“玄鹤洞”,增添了“道”

圆通寺全景

圆通寺藏经阁

的玄妙气息。相邻的圆通寺不时传来诵经之声，更平添了丝丝古香禅意。

向东里许，浚谷侧为明代著名的大才子赵时春诞生地，今仅存墓址。赵时春字浚谷，平凉人为了纪念他，特在公园中立欧阳中石书“浚谷流翠”巨石，东边放有“笔架”造型的卧石，昭示此乃“文华之地”。此二石已成为人们游园时留影的背景。

在平凉,早上、傍晚会听到人们“去哪里？”“上南山”的对话。据统计，南山生态园平均每天入园人数达到2000人（次），南山公园真正成为附近人们养生、休闲、娱乐、健身的最佳去处。

| 宝塔公园 |

到达：乘3路、10路、18路、21路公交车均可到达。

开放时间：全天。

门票价格：免费。

全国重点文物保护单位。

一入平凉，老远就会看见耸立在平凉城东郊的延恩寺塔，平凉人习惯称其为“宝塔”，七级八面，属楼阁式砖塔，与崆峒山凌空塔遥相呼应，似乎一直在目睹着平凉的历史。

宝塔所在地原为延恩寺，建于明嘉靖十四年（1535）至二十五年（1546）。赵时春《塔记》写建塔缘由：“上为明圣祝厘，下为士庶祈休，盖推广先昭王与今嗣王之令德，而欲播诸人人者也。”由此看系韩藩昭王王妃为纪念昭王而建。塔高35米，底部

宝塔夜景

周长36.64米。第一层面南开一券门，门楣上嵌砖雕楷体“大明”匾额，内有木梯盘旋而上。二层以上每面正中辟券门，两侧辟小龛或窗，龛内置佛像，有木制窗棂及砖雕腰栏、斗拱。八角攒尖式琉璃瓦盖顶，上有铁刹。据记载曾于1627年和1985年维修过两次。

“槐阴塔影”原为平凉八景之一。“若遇元宵节，街市居民悬灯于塔上，其光辉灿灿，恍若珠玑，贯乎上下，星斗缀于东西，真胜景也。”清静宁进士王源翰有《平凉竹枝词》：“东关浮屠起七层，禅房罗列夜传灯。韩藩好佛人多化，处处经声处处僧。”今人蔡学士记《宝塔》曰：“从明至今，光阴挟带着自然的风雨雷电、朝代的兴衰更灭、人间的悲欢离合、情感的喜怒哀乐、官员的贬降亡升，一去五百多年了，而宝塔依然在那紫金城外既无奇、又无秀的黄土梁上，以它的雄姿勾勒着一幅槐荫婆娑，或云霞涂染、朗月悬顶，或雨挂珠玑、晴雪披甲的不衰画面。它不单是平凉一景，更是风水先生慧眼之所盯。有人说，在平凉，大凡埋人选坟，头枕太统，脚登宝塔，算是占了上好脉气。”

后来将明代“东岳大帝行祠”牌坊、清代雕花牌坊移于公园入口处。1994 年被定为旅游景点。2019 年，将平凉市美术馆设于公园中央。

因地势凸起，风景闲旷，空气清新，该处成为恋人们最爱去的地方。

| 老林沟景区 |

到达：乘专线车可到达。

开放时间：全天。

门票价格：免费。

老林沟景区在崆峒区峡门回族乡西山和白家山两村交界处，乘班车可至。境内林木繁茂，栖息着麝、豹子等动物 10 多种，有茶花、石榴等花卉 20 多种，有凤凰嘴、牛鼻子山、二郎担山及天然瀑布等自然景观 20 多处。尤以元代石人像遗址最负盛名，是人们休闲旅游的理想去处。

老林沟景区大门

| 观音殿景区 |

到达：乘专线车可到达。

开放时间：全天。

门票价格：免费。

观音殿景区在崆峒区北塬香莲乡境内，距城区 30 多千米。周围层峦环抱，寺院古木森森，终年香火不断，四季游人不绝。该殿创建于宋元之间，清嘉庆十一年（1806），增修子孙宫、文昌阁及湫池。后多次修葺，至 1928 年大规模整修。主要景观有观音菩萨大殿、子孙宫、韦驮寺、文昌阁、打儿窝、龙泉滴珠、灵湫池等。每逢农历二月十九日，各地进香信士及乡民赶庙会，热闹非凡，为平凉西部塬区较大的景观之一。

十三、市辖各市县

一望便知华亭市

走近华亭，你便走近“欢乐”，走进“山水诗画”之中。

“日华川上动，风光草际浮。”“煤城瓷都”就隐藏在茫茫林海草莽中。放马关山，要么吼几句“大秦之声”，要么把“小曲”低吟。到了华亭，不豪醉一次好像不能理解什么叫“义气”。

秦始皇第一个登上关山大舞台，留下的不只是一串串马蹄的脚印。

北魏普泰二年（532），皇甫山麓华尖山亭，成就了“华亭”之芳名。后唐同光元年（923）改置义州，从此“好义”成为当地人的一种追求。

华亭市，在平凉市南部，县城距平凉市中心55千米，总面积 1183 平方千米。辖 7 镇 3 乡、1 个街道办事处、1 个开发区。2021 年常住人口 18.24 万人，城镇人口 11.07 万人。

【旅游关键词】煤都，莲花湖，莲花台，双凤山，玄凤山，仙姑山，野狐峡，米家沟，曲子戏，石拱寺，洋芋搅团。

| 莲花台 |

到达：乘 1 路、11 路、15 路公交车可到达。

开放时间：全天。

门票价格：免费。

莲花台是国家 AAA 级旅游景区、国家级风景名胜区。在华亭县城西南 35 千米的关山林海，主峰五台山海拔约 2746 米，景区面积约 118.8 平方千米。相传莲花台原有庙宇 200 多间，现仅存 20 多通石碑和零星佛龛、塑像。

五台山即古吴山，今莲花台即古上畤、下畤。由千佛洞、灵官台、八仙台、三清台、老君台、玉皇顶、聚仙桥、老佛头等 30 多个景点组成了莲花台别具一格的自然景观和人文景观。

对莲花台之命名，民国幸邦隆《游莲花台记》予以纠正："至则为初来之西北峰，峰顶有石，高耸如塔，石上横置石块，厚大约可丈许，双柏倚石，黛色参天。峰前有庙，名联挂柱；峡在峰底，俨无出口；峰在峡中，恰似花心；比之群峰，则不为高，较

莲花台

之他石，可称独秀。”等他登上烟洞岭，曰：“放眼回观，又见长岭层层，左右环抱，丹岩巍巍，上下壁立，颇肖横地莲花。石峰古寺，合包中枢，苍松翠柏，密生危巅，犹如瓣内莲蕊。若台若岭，皆居四周洪荒之间。余豁然悟曰：莲花台之名，晚唐曾、苗、田、黄诸隐士，盖据是山全境名之也！”

新建占地约39亩的秦皇祭天广场，主要由仿古大门、浮雕文化廊柱、始皇雕像以及莲花台风情等景点构成。大门上有李瑞环题写的“莲花台”3字。6根浮雕廊柱，其上之内容代表了战国时期诸侯割据的齐、楚、燕、韩、赵、魏“六雄”。

莲花台景区有植物400多种，名贵野生药材208种，人工培育的药材有53种；野生动物约118种，其中鸟类85种，兽类33种，内含国家一、二级保护动物20种。

【闲话闲说】秦始皇莲花台祭天　秦始皇在华亭莲花台是否祭天，正史未载，方志不记。20世纪90年代初，

华亭学者王学礼名为《陇山秦汉寻踪——古上畤下畤的发现》的论文发表，一石激起千层浪，多数人以为这篇论文是为配合地方开发旅游资源的“应景式”文章，只有少数人被惊醒。由于当时相关专家、学者没有对此进行专题讨论，所以本人在总纂《平凉地区志》时也只好存疑。

近年本人集中研究赵时春相关史料，在一首诗中发现了莲花台祭祀的信息，对照华亭大量文史研究资料，看到王学礼等人“寻踪”的可贵，才敢提出秦始皇莲花台祭天的可能性与真实性。

第一，胡松于嘉靖三十五年（1556）任陕西参政，分守平凉，他与赵时春过从甚密，常常聚会煮酒论文，陪他游平凉的风景名胜，并有诗作传世，其中有《和柏泉胡大参祀吴山》:“西岩地镇山川壮，禋祀天开礼秩崇。玉检封泥连华岳，云车访道亚空同。”“吴山”正是今天华亭西南“莲花台”的主山无疑。

第二，秦的先祖非子，因养马养得好而深得周孝王的喜爱，便赐给非子土地，非子在这块封地上建邑、修亭。大致范围即今张家川回族自治县、清水县北部、华亭县西南部、庄浪县东南部和秦安县东北部，都是秦的土地，也就是秦人的发祥地。到秦襄公时，秦拥有岐山以西的大片土地。周赧王四十三年（前272），秦灭义渠，置北地郡。秦襄公、秦文公、秦惠文王、秦昭襄王等均在这一带养马、备战，志在一统天下，必然会到自己认为最神圣的“莲花台”祭天,通过人与天的“交流”，君王获得“君权神授”和“天子”的合法性。

第三，秦人有好祭的传统。在史料中，看到秦人祭祀的频率很高，秦人将周人曾经“祭上帝，祭祖先”的传统礼仪上升到“祭天地与五帝”的新高度,又首创“畤祭”。秦人借礼祀形式一方面维护对“周余民”的凝聚力，另一方面又充满自信地宣示其在神祀形式方面的优越感。最有意思的是跑去附近的朝那湫“诅楚”(参后《神秘的朝那湫》)。秦始皇统一天下后的重大活动，首先是祭祀。据《史记·封禅书》记载，秦人于雍城郊外先后置鄜畤、密畤、吴阳上畤和吴阳下畤。公元前238年，秦王嬴政由咸阳专程抵雍城举行祭天大典，表明他获得最高执政权的合理性与合法性。《左传·成公十三年》:“国之大事，在祀与戎。”他迷信“神”助，曾到泰山“封禅”，神化自己的皇权。据说秦始皇前后六次到“畤”祭祀。这样做，一是展示其雄心大志，宣德扬威，“西抚西土，震慑匈奴”；二是炫耀。《史记》载：秦始皇二十七年，始皇巡陇西、北地二郡时，出鸡头山，过回中，无论如何绕不过华亭，到了华亭必然要祭祀。

第四，华亭县西南“五台山”即古“吴山”，吴阳上畤和吴阳下畤，就是“莲花台上畤、下畤”。《史记·封禅书》记载：秦灵公作吴阳上畤，祭黄帝；作下畤，祭炎帝。山之南，水之北谓之阳。吴山的南面是上畤、下畤，这个观点，得到越来越多史地学家的肯定。庄浪进士赵贡玉，号吴山，入刑部干事，后派主江南司。曾被江南学子轻视讥笑，他便作诗回击：“不是吴山来遮盖，压定江南十八州。”他自己以吴山作号，必与敬仰吴山有关。

第五，从古至今，这里道佛相参，不同风格的庙宇宫殿有 36 处，虽多被毁，但遗迹尚存。

| 莲花湖 |

到达：步行或乘出租车可到达。

开放时间：全天。

门票价格：免费。

莲花湖是国家 AAA 级旅游景区。莲花湖占地约 178 亩，依

莲花湖

山傍水，与双凤山公园、南汭河风情线融为一体。公园有造型别致的曲桥栏杆、抒情浪漫的亲水沙滩、碧波荡漾的人工湖面、幽雅僻静的林荫小道、美轮美奂的假山瀑布等。

| 米家沟生态园 |

到达：乘 6 路公交车可到达。

开放时间：全天。

门票价格：免费。

米家沟生态园是国家 AAA 级旅游景区。在华亭东峡林场西侧，距城 5 千米，占地 2938.15 公顷，植被丰茂，林壑优美，千峰叠翠，万峡溢绿，自然景观独特，动植物资源丰富，空气中负离子含量高，堪称“天然氧吧”。各式蒙古包、休闲屋掩映于绿树山水间，林荫小道曲径通幽，32 米吊桥凌空飞架，古朴典雅的仿古窑洞、带露天平台的餐饮中心及别墅可供游人食宿、休闲、娱乐。

看点和亮点：

1. 有直径 18 米的多功能大型蒙古包 1 座，与生态园餐饮中心相毗邻，内部设计别致，环境优美，可同时容纳 200 多人活动。有直径分别为 4.2 米、5.2 米的小型蒙古包两座，采用人工小木桥相连接，别具一格。

2. 利用景区山涧溪流，蓄水两万多立方米，形成了 8280 平方米的人工湖，可供上百人划船或垂钓。

米家沟生态园

| 双凤山公园 |

到达：乘 2 路、6 路、11 路公交车可到达。

开放时间：全天。

门票价格：免费。

双凤山公园是国家 AAA 级旅游景区。在华亭城南 1 千米处，面积约 640 亩，因鸟瞰状若双凤叠翅，翱翔于城南山巅水滨之上，故名。自汉唐以来，各代有修建，原有王母宫、文昌宫、玉皇殿、索心亭等建筑，后屡遭兵燹，被毁一空。双凤山偏西有药王洞，1926 年开始建庙，1976 年重塑药王金身，香火一直旺盛。药王相传是道教的神仙，山上道教色彩较浓。近年，民众集资

双凤山远景

在与双凤山相连的两山上建起了玉佛寺，形成了今天佛道相望的布局。

双凤山吊桥建于1997年，桥身长70米，宽两米，两端有高3米的桥门各1座，上书“重廊迤逦藏妙韵，彩索袅娜有深情”，还有横批“汭河第一吊桥”和“双凤楼双凤凤鸣仪州，仙姑降仙仙姑聚汭滨”两副楹联。进入山门，沿着花草掩映的上山台阶，登临山顶，华亭县城全景可尽收眼底。

有公园广场、儿童乐园、成人游乐场、滨河路休闲区、山间游览区共5个主功能区域。

| 石拱寺 |

到达：乘县城至上关镇班车可到达。

开放时间：全天。

门票价格：免费。

石拱寺是国家AAA级旅游景区，全国重点文物保护单位，位于华亭市上关乡半川村，距县城23千米。石窟凿在坐北向南的半山崖上，与中国道教名山龙门洞遥遥相望。寺内现存14个窟龛，尤以11号窟雕像最为精美。该窟顶部有4组八尊飞天，形象飘逸灵动,似仙女从天而降;南壁供养人造像栩栩如生。7号、8号两窟有释迦、多宝二佛对坐说法雕像，造型尤为动人，属北魏晚期雕凿，其艺术造诣可与南北朝时期雕凿的山西云冈石窟相媲美。

石拱寺

丨玄凤山丨

到达：乘华亭市—西华镇—草滩村班车，玄峰林场沿路直上可到达。

开放时间：全天。

门票价格：免费。

玄凤山是国家AAA级旅游景区，原名“玄峰山”，位于华亭市西华镇草滩村正西的莽林之中，距县城13千米。玄险、清幽，绿涛滚滚，浩渺生烟。相传，隋末李世民由于多日征战，人困马乏，带领少数部众逃到关山一带。敌军紧逼，穷途末路，一只凤凰引领他们进入关山腹地，藏身于玄凤山蟾光洞，躲过一劫。后李世民听禅悟道，重整旗鼓。登基后李世民遂改玄峰山为“玄凤山”。

20 世纪 90 年代，人们重修灵官殿时，古庙遗址出土了北魏弥勒佛造像碑一尊，证明玄凤山山庙创建于北魏时期。以后屡毁屡建，旧时有玉皇、药王、灵官、子孙、太白、观音、王母、川主、混元等宫殿寺观，后新修黑虎殿、无量祖师庙、三清殿、妙济宫、北极宫等建筑。

玄凤山在五台山东南，沿五道湾进巷木沟，翻蛤蟆石梁，向西北可到云崖寺，向西南可达莲花台。

一望便知泾川县

走近泾川，你便走近“虔诚”，走进“道气佛光”的氛围之中。

西王母在瑶池设中国“第一宴”，吸引了无数迷恋者的目光。武则天敕建的泾川大云寺，把佛教信仰推向顶峰。金世宗大定七年（1167）有了“泾川县”这个名字，金人的后裔也曾埋在这里。

泾川县在平凉市东，县城距平凉市中心 70 千米。县辖 14 个乡镇，总面积 1409.3 平方千米。2021 年，常住人口 22.22 万人，城镇人口 8.70 万人。

【旅游关键词】王母宫，大云寺，金棺、银椁、舍利子，汭丰郑家沟，田家沟，完颜村，吴焕先纪念馆，北魏南石窟寺碑，宋代陶谷碑，镇海寺蒙文碑，泾川县博物馆，罐罐蒸馍。

| 大云寺 · 王母宫景区 |

到达：乘 3 路公交车可到达。

开放时间：07：30–19：00（4 月 –10 月）；07：30–18：00（11 月 –3 月）。

门票价格：60 元 / 人（预订优惠价为 50 元 / 人）

大云寺 · 王母宫景区是国家 AAAA 级旅游景区。王母宫景区在县城西 500 米泾河、汭河交汇的回山之上。经历代修建，形成王母宫、文昌宫、三清楼、望河楼、玉皇大殿等建筑群。但到清末，只剩王母宫石窟以及一些古钟和碑碣。1992 年始重修，陆续建成西王母大殿、东王公大殿、三皇殿、五帝殿、金母殿、三清殿、回屋、碑室、夜月亭、子孙宫、李商隐故居、洗眼泉等

回屋牌坊

景观30多处。

1999年王母宫景区被国际亚细亚民俗学会授予“国家重点民俗文化景区”称号，2002年中华世纪坛取土仪式定名为“中华西王母祖祠”，王母宫山被尊为“中国道教圣地”“天下王母第一宫”。

王母宫是传说中西王母降生之地，王母文化的发祥地。回山之下有“回屋”，是西王母居住的地方，也是西王母和东王公相会之处，历来为达官显贵、文士旅人所向往、膜拜之地。自1990年开始，台湾信徒组团瞻拜者达50多批、约3000多人次。其中“积善丹鼎派”尊西王母为主神兼祖先神，称其为“母娘”或“金娘”。每年台湾参拜团的到来，回山上必然会出现一道靓丽的风景。

看点和亮点：

1.迷人的景色。景区山环水绕，花草树木点缀其间，气候湿润，空气清新，曲径通幽，景致宜人。回山，并不巍峨，却圆润有致，底宽顶尖，郁郁葱葱。山、水、城相互映衬，佛教与道教融为一体。

2.摩崖浮雕。进入王母宫山门，就可以看到展示西王母远古部族虎图腾的浮雕。

3.佛像石窟。窟内造像分3层，共200多尊，大多是公元5世纪以来的作品。

4.瑶池。在回山南麓，传说西王母在此举办蟠桃会宴请群仙。这里绿树成荫，环境幽雅，特别是夜月亭，一直是文人墨客吟诗

俯瞰王母宫

挥毫、观景赏月之地。

5. 国家级非物质文化遗产代表性项目——泾川西王母信俗。据西王母研究专家介绍：西王母信俗，几乎涵盖了泾川民众生活的各个方面，如庙会、祭祀、贸易、民间故事、民间艺术、建筑、郊游、农事等。

相传农历三月初三是西王母举行蟠桃盛会的日子，每年这一天，信众们都会在回山王母宫自发地组织祭祀活动。

特别是始于北宋开宝元年（968）农历三月二十日的西王母庙会，至今已连续举办1051届。每逢庙会，不只是泾川当地的民众，还有豫、晋、陕、甘、宁等各地客商和王母信众都会慕名赶来，回山上下，人山人海，最多时达到10多万人。

农历七月十八日相传为西王母诞辰日，民众祭祀西王母的规模、影响在逐年扩大。

6. 两磨三刻的“圣碑”。公元968年重修王母宫，翰林学士、刑部尚书陶谷撰文刻碑。998年，新官梦英到任，削去旧字重刻。没想到至1023年，书法家上官佖到泾州，看了梦英的字后，认为“笔迹伪俗”“字多舛误”，就亲笔书写，磨掉原碑再次刊刻。如今，这块碑被两岸信众誉为西王母祖祠“圣碑”。

【故事新说】

泾河水总会激荡出浪漫的故事，《柳毅传书》描写的“人神之恋”的故事就发生在这里：唐仪凤年间（676—

《柳毅传书》邮票

《柳毅传书》邮票特写

679），洞庭龙女远嫁泾阳，受虐待被打发去放羊，一天她遇到了落第书生柳毅，请他将家书带到洞庭龙宫。后龙女被钱塘君救回，并试图让柳毅与龙女成婚，但被柳毅严词拒绝。柳毅毅然离开洞庭龙宫回家。一年后，娶卢氏之女为妻，新婚之夜柳毅发现新娘酷似龙女。原来龙女痴心不渝化为卢氏之女，嫁给柳毅为妻。

2004年7月17日，《柳毅传书》邮票首发式在泾川县举行。《龙女托书》（左上图）图案描绘了龙女在泾河北岸托柳毅代传家书的情景，《传书洞庭》（右上图）图案描绘了柳毅将龙女书信送达洞庭龙宫时的情景，《骨肉团聚》（左下图）图案描绘了龙女获救后与家人团聚的情景，《义重情深》（右下图）图案描绘了柳毅与龙女最终喜结良缘的场面。

| 大云寺 |

到达：乘出租车可到达。

开放时间：全天。

门票价格：免费。

大云寺是国家AAAA级旅游景区。大云寺在泾川县城北水泉寺大桥北端，占地约364亩，中心区域约60亩，总建筑面积11600平方米。主建筑有舍利塔、钟鼓楼、东西碑亭、藏经楼、卧佛殿、天王殿、佛教艺术主展馆及接待、管理、服务3个中心。

亮点和看点：

1. 珍贵遗迹的发现。1964年12月，几位在田间劳作的农民不经意间用铁锹撬出了大云寺一个地宫，发现了国家一级文物石函、鎏金铜匣、银椁、金棺以及琉璃瓶内珍藏的舍利。这五重套函是国内考古的首次发现，佛祖舍利竟有14粒之多，至今仍居

大云寺舍利塔

大云寺地宫出土文物

全国首位。

1969年冬天，几位农民在距大云寺遗址200米远的田地耕作，发现了北周宝宁寺遗址，又出土了一批珍贵文物。

2012年12月的最后一天，一些农民在平整道路时，发现一处佛像窖藏，出土数十尊北朝、北魏、隋、唐佛像，并在窖藏两侧各发现一个地宫，内有陶棺，藏有佛舍利2000余粒并有佛牙等。这一重大发现，被国内学术界一致认为是古丝绸之路上的重大考古发现。

2. 标志性建筑——舍利塔。塔身外观为7层，高95米，每层之中有暗层，明暗共计14层。该塔先后荣获甘肃省建筑工程"飞天奖"和国家"优质工程奖"。整体造型气势雄浑，构思精巧，被誉为"中国仿唐第一塔"。今日之大云寺，已将深埋于地下的荣耀，升腾为更加宏伟的庄严。95 米高的 7 层舍利塔，象征着佛教的九五之尊及七级浮屠之意；塔刹下部的 13 层项轮，象征着佛教有十三天。

3. 珍贵的石函。地宫内存放的石函，函盖刻有“大周泾州大云寺舍利之函总一十四粒”16 字。函内盛有 4 寸见方的铜匣，匣上有锁，铜匣内是一具长方体银椁；银椁内又有一金棺；金棺内盛一球形细颈琉璃瓶，内含 14 粒舍利子。1971 年 9 月，郭沫若鉴定后指出：“舍利石函，贵在石函。”《中国大百科全书·考古学》称：泾川大云寺地宫和石函中的金棺银椁铜匣，最早将中国传统的棺椁葬制引入佛教，反映了唐代在舍利瘗埋制度上的划时代的变革，在佛教考古界具有十分重要的意义。

2015 年大云寺佛舍利迎请活动

4. 气势非凡的地宫。地宫负一层是按照出土的唐代石函同比例放大了 14 倍之后的一个石函模型，石函四周被 68 座汉白玉莲花灯围绕。四壁彩绘有 208 个佛教故事及隋文帝和武则天的生平事迹。负二层是在唐代地宫原址上复原的墓室。墓室顶是 6 层 120 个斗拱组成的穹顶藻井结构。墓室四角是 4 根龙柱，龙柱下站立着四大天王。环绕墓室四周的是 999 尊佛龛，与佛祖舍利形成千佛。

5. 重大节庆。农历五月十二日，是北宋龙兴寺安奉诸佛舍利的日子。农历七月十五日，是武则天下令各州修建大云寺并意外发现隋代佛舍利后重新建塔安奉的日子。每年这两个日子，泾川各地的寺院僧人与信众都要齐聚大云寺举行各种形式的宗教法事活动。

泾川大云寺·王母宫，被确定为甘肃省 20 个旅游大景区之一，主要包括大云寺舍利塔、王母宫回屋、王母宫石窟等 15 处景点，形成了“西有敦煌莫高窟，东有泾川大云寺”的丝绸之路佛教文化传播格局。

| 南石窟寺 |

到达：乘 4 路公交车或出租车可到达。

开放时间：全天。

门票价格：免费。

南石窟寺是全国重点文物保护单位。南石窟寺在泾川县城东 7.5 千米泾河北岸蒋家村，俗称“东方洞”。由泾州刺史奚康生主持、

南石窟寺主窟

北魏永平三年（510）开凿，与庆阳“北石窟寺”被誉为“南北石窟双明珠”。现存 5 窟，1 号东大窟和 2 号西小窟保存较为完整，其余几窟皆小，剥落处露有早期壁画。

1 号东大窟为南石窟寺主窟，高达 13 米，宽约 17 米，深 14 米。窟内正壁及左右壁台基上雕有 7 尊立佛，头饰螺髻，高鼻大耳，面部圆润，长衣垂膝，神态庄严安详。两旁胁侍菩萨形态各异，栩栩如生。窟顶东、北、西有浮雕佛传故事，内容有树下诞生、逾城出家、树下思考等。在我国早期石窟中以表现七佛为主的佛窟，此为最早，它开创了佛窟营造史上一种新的形制。

南石窟寺虽然历经岁月而有些斑驳，但依旧能看到其浓重的色彩。当年的工匠们将矿石研磨的颜料小心翼翼地涂在塑像上时，也似乎把自己的体温一同沁入了这冰冷的石像。站在这里，你的心已经被温暖，心中充满了崇敬。

南石窟寺之碑碑阴所题 58 人的职官名录，可纠正《魏书》之误；其书法艺术为后人所称道，具有较高的学术价值。

【特别提醒】在观赏南石窟寺之碑时别忘了欣赏回山王母宫颂碑，也叫“陶谷碑”“天圣碑”，曾被中央电视台《国宝档案》栏目报道。还有镇海寺蒙文碑，正面上端为八思巴文，内容记载了元世祖忽必烈颁发的保护镇海寺和僧侣的圣旨。下面的汉文则直书建碑人的姓名、官职。

| 罗汉洞石窟寺 |

到达：乘 4 路公交车可到达。

开放时间：全天。

罗汉洞石窟

门票价格：免费。

罗汉洞石窟寺是国家A级旅游景区。在罗汉洞村泾河岸边红色砂岩壁上，上下两层，东西约两千米，254个大小窟中，以千佛嘴与清霄洞为最。洞内外尚存高大造像石胎，洞内残存壁画、泥塑、浮雕等；洞窟设计奇巧，选址险要，结构复杂且神秘。

| 汭丰郑家沟—吴焕先烈士纪念馆 |

到达：乘县城至汭丰镇郑家沟村班车可到达。

开放时间：全天。

门票价格：免费。

汭丰郑家沟—吴焕先烈士纪念馆是国家AAA级旅游景区。在汭丰镇腹地，距县城11千米，吴焕先烈士长眠于此，该村也被当地人亲切地誉为“红军村”。这里有吴焕先烈士纪念馆、仿唐街、雷音寺、大峡谷、古村落及采摘园。集红色教育、游乐观光、“非遗”体验、徒步探险于一处。先后被评为“省级旅游扶贫示范村”“生态文明小康示范村”及“千村美丽示范村”。

吴焕先烈士像

吴焕先烈士纪念馆，占地面积约300平方米，建筑面积约112平方米，其中展厅面积约72平方米。现存红军楼、战场遗址、渡河口、烈士陵园等4处革命遗存，为甘肃省“爱国主义教育基地”、平凉市“中共党史学习教育基地”“重点红色景区”。

【人物档案】吴焕先（1907—1935），湖北省黄安县（今河南省新县）人。1926 年加入中国共产党，1927 年 11 月 14 日，他与潘忠海、吴光浩等同志组织和领导了著名的黄麻起义，创建了鄂豫皖革命根据地。1935 年 8 月 21 日在泾川四坡战斗中壮烈牺牲，年仅 28 岁。

| 田家沟水土保持生态风景区 |

到达：乘县城至田家沟班车可到达。

开放时间：全天。

门票价格：免费。

田家沟水土保持生态风景区是国家 AAAA 级旅游景区。在泾川县城东北 3 千米处，景区总面积约 28 平方千米，其中主景区面积约 7.5 平方千米，是一个以自然景观为主、人文景观与休闲娱乐相结合，集生态旅游、文化展现、休闲度假和科技示范为一体的生态风景旅游区。

看点和亮点：

1. 亿年地质构造层、千年土箭群两处自然景观，令人望之惊叹。

2. 两千多平方米的动物园，有梅花鹿、鸵鸟、猿猴、孔雀、黄羊、水牛、火鸡、荷兰猪、骆驼、观赏犬、鹁鸽等动物，在山野中构成一个别具风格的动物乐园。植物园占地500多亩，有常绿树100多种，有无公害果蔬观光区。

3. 有田园山庄、王家山庄等休闲服务场所5处，辟有池塘坝库和射猎区、垂钓区、采摘区、划船区、沙滩浴等娱乐场所和陇东民俗窑洞、蒙古包等住处。已被水利部命名为“国家水利风景区”。

| 白家民俗文化景区 |

到达：乘县城至泾明乡班车可到达。

开放时间：全天。

门票价格：免费。

白家民俗文化景区是国家AAA级旅游景区。在泾明乡东北端，属甘肃省所评“千村美丽示范村”。因牛角沟古遗址出土“泾川人”化石而闻名全国。

| 完颜村 |

到达：乘班车可到达。

开放时间：全天。

门票价格：免费。

完颜村位于泾川县王村镇，是全国唯一的完颜氏族聚落村，现有完颜氏民众1万多人。2004年5月，被列为平凉市特色旅游景区。

绘有完颜阿骨打至完颜承晖遗像的“影”

金兀术之子完颜亨被海陵王完颜亮诛杀后，忠于他的族人将其尸体运到泾河北岸这块神秘的地方掩埋。几十年后，金朝灭亡，末帝完颜承麟战死，也被臣子们安葬在这里。先后有两批“守陵人”，他们的后裔也在此定居。完颜家族族人有“三大禁忌”：一是恪守同姓同族不通婚的祖训。二是不看与岳飞有关的电影、电视及其他文艺作品。三是外姓人一般不允许进完颜祠堂。2004年完颜氏族民开始公开祭祖，举行祭“黄绳”（谐音“皇神”）、“跑马”等氏族传统仪式，在这里你会发现别处难以看到的文化符号。

锦绣凤凰旅游景区

到达：乘县城至凤凰村班车可到达。

开放时间：全天。

门票价格：免费。

锦绣凤凰旅游景区是国家AAA级旅游景区。在泾川县城关镇凤凰村。甘肃锦绣凤凰文化旅游发展有限公司按照农旅融合发展的思路和“生态、产业、文化、旅游”四位一体发展理念开发建设，规划总占地面积2600亩。以“留得住绿色、记得住乡愁、抓得住快乐”为主题，建成集生态观光、休闲娱乐、民俗体验、文化传承为一体的文化旅游景区和乡村生态文化休闲旅游产业基地。

一望便知崇信县

走近崇信，你便走近“神奇”，走进“槐荫菩提”的护佑之中。

公刘“教民稼穑”，也传人以“真诚守信”。公元788年，李元谅筑崇信城，“崇信”之名便与当地人的信仰相辉映。

一棵树的根扎得有多深，竟敢在泱泱华夏“称王”？一个树根成全了山泉的美名，从此称为“龙泉”。到崇信去，凝视着各种奇树，你对人生的许多疑惑或许都会被慢慢解开。在全长约451千米的泾河岸边的30个县区里，面积最小、人口最少，却因有汭河、黑河、达溪河3条河流的滋润，有地下富集的煤炭资源，使得这里的人们离富足更近。

崇信县在平凉市东南，县城距平凉市中心约 56 千米。总面积约 850 平方千米。辖两镇 4 乡，2021 年常住人口 8.21 万人，城镇人口 3.53 万人。

【旅游关键词】公刘故里，龙泉寺，武康王庙，五龙山，唐帽山，华夏古槐王，菩提树，龙柏，三异柏。

| 龙泉寺景区 |

到达：乘 57 路公交车或景点旅游专线车可到达。

开放时间：8:00—18:00。

门票价格：60 元 / 人。

龙泉寺景区是国家 AAAA 级旅游景区。在崇信县城北两千

龙泉寺全景

古柏龙蟠

“龙泉”——贯珠泉

米处，海拔1215米，景区面积约2.47平方千米。因贯珠泉陡壁上古柏之根形似盘曲之龙，鳞甲护身，宛然飞腾于贯珠泉之上，因而得名“龙泉”。芳树碧藤缠绕，泉溪湖桥相映，亭台殿阁连属，道观洞府毗连。泉水润湿了山谷，润绿了原野。明嘉靖三十二年（1553），时任崇信知县的柳仲庭有《龙泉寺》诗曰：“龙泉山水古佛堂，流水潺潺绕后廊。人道蓬莱无觅处，谁知仙境在斯方。”清顺治时，邑人朱化龙诗赞古柏：“木非石可托，乃独挺英姿。上压千岩兮，下临石彻斯。风霜经岁古，日月寄根奇。所愧东原草，不贪雨露枝。”民国时崇信县知事曹英有诗《龙泉古柏》：“霜皮黛色已忘形，蟠石拏云拂紫冥。破壁应知飞有时，微将鳞爪示山灵。”民间传说：魏征梦斩泾河老龙之后，老龙阴魂不散，后得到了王母娘娘的点化，化柏于龙泉寺的悬崖之上，始有出头之日。而崖下的泉水，便是老龙思过悔恨的眼泪。龙泉旧八景为莲台晓日、高原秋风、古柏龙蟠、灵沼鱼化、瀑珠听雨、艭桥步月、湫池淋雨、芮谷烟霞。现在，这里被列为省级风景名胜区、省级地质公园。

| 武康王庙 |

到达：步行或乘出租车可到达。

开放时间：全天。

门票价格：免费。

武康王庙是全国重点文物保护单位。俗称城隍庙，又名李元谅寝宫，在县城东街。崇信百姓为感念这位“筑崇信城”而又埋忠骨于良原的人，先于唐贞元十三年（797）以前在县城东门外建祠塑像祭祀，后来奉他为“隍爷”，让他护佑百姓。宋绍圣四年（1097），崇信知县王需重整庙貌，从此，历任知县几乎都要为他肃立敬香。明洪武三年（1370），李斗等人迁庙于此，因塑像主次不当，改为寝宫，宫前重建正殿。明崇祯六年（1633）因兵燹殿亭俱毁，仅存寝宫。清光绪二十五年（1899）十月，重建

武康王庙

拜殿。宫殿为木质结构，坐北向南，面阔5间，进深3间，单檐歇山顶。拜殿为砖木结构，面阔5间，进深1间，是一座前后开敞的卷棚顶小殿。1941年，民国政府进行过修缮。2001年5月甘肃省文物局特拨专款进行维修。

【人物档案】李元谅　祖籍安息（今伊朗）。本姓安，因幼时为宦官骆奉先所养，遂改姓骆，名元光。早年从军，因功累官至华州刺史兼镇国军节度使。“平凉劫盟”时，李元谅救副元帅浑瑊出险。唐德宗为此勋劳，赐好马十匹，金银器、锦彩等甚厚，赐他李姓，改名元谅。贞元四年（788），兼任陇右节度使。贞元五年（789），新筑崇信城，置崇信军防御。因驻兵众多，为了保证食用、减轻百姓负担，李元谅采取了驻军屯田的办法，兴修水利、开辟荒原，周围几十里荒芜土地变成了肥沃的良田。贞元九年（793），因积劳成疾，病逝于良原（今灵台梁原）。追赠司空，谥号“庄威”。

| 五龙山景区 |

到达：乘57路公交车或景点旅游专线车可到达。

开放时间：全天。

门票价格：免费。

五龙山景区位于崇信县城西约20千米处，属关山东麓余脉。

五龙山

因山峰似五龙奔腾相戏，古时有“五龙捧圣”之称，故名。1998 年，五龙山风景区开发总体规划总面积约为 27.1 平方千米，其中游览区面积约 12.5 平方千米。1992 年 12 月，成为省级风景名胜区、省级森林公园。景区内有孙家峡瀑布、樱桃沟、马刨泉、华夏古槐王等 10 多处景点，是观光旅游、休闲娱乐、避暑度假、登山探险、科普考察的理想之地。景区危峰争耸，林海苍茫，加之远离尘嚣，僧道慕名光顾，隋代始建庙宇，后屡毁屡建，绵延不衰。1958 年，景区曾设国营林场。20 世纪 80 年代初，民众修复庙宇建筑，有药王洞和太白庙。

| 华夏古槐王景区 |

到达：乘县城至锦屏镇班车或出租车可到达。

开放时间：全天。

门票价格：免费。

华夏古槐王景区在锦屏镇关河村，距县城约 20 千米。在崇信旅游，如果不去看看“华夏古槐王”，便是一种遗憾。这棵生长在锦屏镇关河村的树，高 26 米，主杆高两米，树冠东西宽 34.2 米，南北长 37.7 米，占地 2.1 亩。古槐挺拔高大，根深叶茂，虬枝如龙，冠盖似云。经国家林业和草原局专家测定，它的树龄已有 3200 余年，是国内现有的槐树之最，被奉为“华夏古槐王”。2015 年，古槐被国家林业和草原局列入全国 100 棵古树名木保护范围。

看点和亮点：

1. 树上寄生着杨树、花椒、五倍子树、小麦和玉米等 9 种植物，人多视它为“神树”。主干曾分 8 大枝，又称“八卦槐”。

2. 多数人以“拜望”的心态走近大树，因为它早已被神化了。有时，人们会拉起手量、计算，然后再端详、感叹，别时一步三回头。“平凉地界上的这棵名为国槐的大树，用苍穹之根吸收过《三坟》《五典》的智慧，用坚硬身躯容纳下《八索》《九丘》的文脉，用婀娜枝叶感受了《诗经》《乐府》的深邃与高翔。接下来，3200 年后的今天，每一个来过又离开的人，都让这棵叫作国槐的大树走得更远。还有长空中的风云，还有天际里的鸿雁，甚至还有当今世界无所不能的互联网，都使这棵树朝向更远的未来”。

“华夏古槐王”

菩提树、娑罗树

到达：乘县城至黄花乡班车或坐出租车可到达。

开放时间：全天。

门票价格：免费。

菩提树生长在黄花乡黄花塬村，树龄有1400多年。菩提树、娑罗树与无忧树同为“佛国三宝树”，原本适宜生存于热带雨林，却在西北偏远之地生根展叶，当地群众把它看成是“一方之奇迹和祥瑞之兆”，从不攀折或砍伐。娑罗树亦称“猴板栗”，学名“七叶枫”，据说渭河以北仅有此1棵。《酉阳杂俎》记载娑罗树：“不庇凡草，不止恶禽，耸干无惭于松栝，成阴不愧于桃李。”

菩提树

| 三异柏 |

到达：乘县城至锦屏镇班车或坐出租车可到达。

开放时间：全天。

门票价格：免费。

三异柏又名“三义柏”，生长在锦屏镇朱家寨子，距县城 4 千米。树龄 700 年左右，树高 12 米，胸径 1.1 米，每个枝杈上都生长着 3 种不同形状的叶片：棉柏、侧柏和刺柏，这种奇异的现象在自然界实属罕见，至今植物学家也找不出其生成的原因。当地人说，三异柏是“桃园三结义”的化身，棉柏代表刘备的善良慈祥，侧柏象征关羽的忠心赤诚，刺柏显示张飞的耿直刚勇。如今，庙毁

三异柏

而其他树木也遭砍伐，只有这棵古柏仍旧伫立在原地，用自己的绿荫庇护着这一方净土，见证着世事的沧桑和岁月的无情。

唐帽山森林景观区

到达：乘班车或出租车可到达。

开放时间：全天。

门票价格：免费。

唐帽山森林景观区为省级森林公园。位于县城西南约 40 千米处，相传为唐程咬金征寇落帽之处。景区包括唐王谷、水泉岭和唐帽山护林站 3 个片区。峰岭嵯峨，古树参天，林深似海，松涛奔流，豹鹿麝獐栖居其中，鹰雕雉雀乐鸣其上，参苓百药采而不竭。主峰水泉岭高约 1700 米，为崇信县境内最高峰。登峰远眺，颇有“一览众山小”之感。东有仙姑山，若侍女以待；西有乌龙峰，像金童屹立，老爷山遥相对峙，牌坊岭如五骏驰骋，九溪水似九龙戏珠，崇邑山川尽收眼底，令人心旷神怡如临仙境。

1993 年 8 月这里被批为森林景观区后，新建长寿殿。每年农历七月十五日，善男信女们自发组织娱乐班子搭台唱戏，热闹非凡，远方香客朝山供神者络绎不绝。

一望便知灵台县

走近灵台，你便走近名城，走进“地灵人杰”的秘境之中。

周文王伐密须凯旋，修筑了一座灵台，于是把仁德筑进灵台，似乎也把文化筑进了灵台。

皇甫谧不做官一心撰写《针灸甲乙经》；牛僧孺当宰相不忘编写《玄怪录》。

隋大业元年（605），开始有灵台县之名。这里珍贵文物藏品，其数量之多之精，居甘肃省基层博物馆之首，商周青铜器被誉为“中华之最”。

走在灵台感受不一样的自然，感受不一样的文化，就是吃一碗灵台手工面，似乎也能嚼出文化的味道。

灵台县，在平凉市东南部，县城距平凉市中心约138千米，总面积约1981.56平方千米，辖5镇8乡1个街道办事处。2021年常住人口15.62万人，城镇人口5.39万人。

【旅游关键词】皇甫谧，灵台，荆山，百里，密须国，疙瘩庙，双堠子，周文王，牛僧孺，左丘明，文庙，唐槐，铜鼎，手工面。

灵台

| 古灵台荆山森林公园 |

到达：步行可达。

开放时间：全天。

门票价格：免费。

古灵台荆山森林公园是国家 AAAA 级旅游景区。“灵台”是县内最古老的古迹之一。周文王伐密须凯旋途经此地，遂筑“灵台”，举行祭天仪式。《诗·大雅·灵台》：“经始灵台，经之营之。庶民攻之，不日成之。”但后来被多次毁坏，两次复修。现存灵台为 1984 年复修，台顶建八卦亭，内供文王塑像，台基周边镶有国民政府傅作义、杨虎城、于右任等要员和地方名士所题碑石 200 余块。

“灵台”是天地正气凝结的景观，也是灵台县旅游文化的标志。

【资料链接】张东野《重修灵台记》　台将成之，重九后八日酉刻，忽又有两鹤自东飞来，白衣红顶，翅如车轮，绕台而鸣，如颂如贺，旋栖台左孔庙古柏最高之一枝。羽衣汗透，一似凌空御风，不胜万里宾士之劳者。其由东海而来欤？当是时也，万人景仰，举城欢腾，皆不知其乐之从何而自。夕焉，月明如昼，遥见柏顶双立怡怡，明月霜天与其洁白之羽衣相辉映，真令人有随之羽化而登之慨。翌晨，复绕台翔鸣，寻旧东飞。阖邑惊奇，以为一去不复返矣。讵中午，仍鸣舞于南空。日甫

荆山森林公园

衔山，乃又飞来，栖止如昨。自是往来沼囿，常见于灵台焉。白鸟翯翯、麀鹿攸伏之象，竟重见于今日。其亦物华天宝、人杰地灵也哉！

荆山森林公园坐落于中台山之上，因山上紫荆花遍地，故称之。“荆山日丽”旧为灵台八景之一。占地面积 440 余公顷。登其顶可览全城景色。

景区含灵台、森林公园、工委纪念馆、博物馆 4 大块，分生态旅游、历史文化、民俗风情、休闲游乐、科普教育等 5 大功能区。

绿树成荫，鸟语花香，有各种植物 200 多种，森林覆盖率达 90% 以上，被人们称为“绿色氧吧”。

以古建筑为特色，形成了荆山门、博物馆、三贤祠、德化廊、朝晖亭、夕照亭、日月亭、关公殿、灵通门、玉皇阁、休闲广场、仿古城墙、瞭望台等人文景观和农家乐休闲山庄、东沟生态景观湖等景观。看灵台碑林后登荆山森林公园，实在是一种享受。

| 皇甫谧文化园 |

到达：乘县城至独店镇班车可到达。

开放时间：全天。

门票价格：免费。

皇甫谧文化园是国家 AAA 级旅游景区。在独店镇张鳌坡原上，距县城约 8 千米。总占地面积约 6.3 万平方米，建筑面积约

1.4 万平方米。始建于 2007 年，主体建筑突出汉晋文化建筑风格，建成阙门、神楼、献殿、纪念馆、侧殿、回廊、墓区、办公生活区等主体工程。内设皇甫谧生平史迹、文史资料和中医针灸等 3 个陈列展馆。

亮点和看点：

1. 皇甫谧冢。成书于宋神宗元丰三年（1080）的《元丰九域志》在“古迹”条下载有“皇甫士安冢”。清雍正四年（1726）印行的《古今图书集成》分别在“古迹考”“祠庙考”和“山川考”之灵台县条目下记有“皇甫士安墓”。

皇甫谧一生有学术论著 20 余部，特别是 12 卷《针灸甲乙经》流传千古，蜚声中外，奠定了针灸学科理论之基础，开创了世界针灸医学的先河。

2. 皇甫谧文化园是“国家中医师承甘肃皇甫谧针灸基地”“全国中医药文化宣传教育基地”“世界针灸学会联合会针灸拜祖基地”。

皇甫谧文化园

| 皇甫谧雕像 |

到达：乘县城至朝那镇班车可到达。

开放时间：全天。

门票价格：免费。

皇甫谧雕像在灵台县朝那镇街心花园，汉白玉制作，重达34吨，像高6.9米，座高4.6米；四周是反映皇甫谧生平的《母训》《求学》《拒仕》《试针》等4幅石刻。

瞻仰完皇甫谧雕像后，向镇南步行1.5千米到皇甫湾走走，这里有许多有关皇甫谧的传说。时间充裕，可去中台镇下河村嘤岘庄北书台山转转，了解皇甫谧躲避征召专心攻读的故事。相传书台山上一棵柏树下的巨石，就是他试针的地方，人称“试针石”。

皇甫谧墓

文王画卦山

| 文王画卦山 |

到达：乘县城至邵寨镇班车可到达。

开放时间：全天。

门票价格：免费。

文王画卦山在县城东约6千米的邵寨镇，由9座山峰组成。相传，周文王伐密须得胜还朝，途经此地，见山势峻峭，酷似八卦，于是在此布阵画卦。山顶有文王画卦台古迹，所以又称“文王山”。近年在山顶建成了文王殿、画卦亭、瞭望台等建筑群。

| 疙瘩庙 |

到达：乘县城至新开乡班车可到达。

开放时间：全天。

门票价格：免费。

疙瘩庙在灵台县新开乡寨坡村，因所处山包突兀而起，酷似疙瘩而得名。院内庙宇甚多，其中有观音殿1座，系明嘉靖元年

（1522）所建。院内一棵木瓜树依房而生，直径尺余，据考证比疙瘩庙还早，民间称：“先有木瓜树，后有疙瘩庙”。

已到新开乡，不妨去牛村瞻仰一下牛僧孺古墓。

一望便知庄浪县

走近庄浪，你便走近“神秘”，走进“诗酒田园”的浪漫氛围之中。

“庄浪”这个名字，距今约800年历史，而“朝那”自春秋战国秦惠文王“祀湫渊”开始，至少有2300多年的历史。在中国历史地名中，还没有一个如此古老、如此真实又充满“灵异”、让人喜爱的地名。

“朝那”，似在给人指明方向，朝着那个方向让人们拿起铁锨，从脚下的荒地平起，从地埂筑起，创造出第一个中国梯田化模范县。站在高处往下看，是一层层梯田；立在低处往上看，是通往理想的“天梯”。

不到庄浪，不知道什么叫真正的“劳动”；不去朝那湫，不明白什么叫真正的“奇迹”。漫步于“希望的田野上”，谁还能不唱？

庄浪县，在平凉市西南部，县城距平凉市中心约140千米，总面积约1553.14平方千米。辖13乡5镇1个街道办事处。2021年常住人口33.57万人，城镇人口9.54万人。

【旅游关键词】云崖寺，紫荆山，朝那湫，陈家洞，吴王坟，葛洞，水洛，刘沪，庄浪梯田，庄浪暖锅。

| 云崖寺 |

到达：乘水洛—韩店—云崖寺专线车可到达。

开放时间：08：00-19：00（1 月 1 日 -12 月 31 日）。

门票价格：60 元 / 人（预订优惠价格为 50 元 / 人）。

云崖寺为国家 AAAA 级旅游景区、国家级森林公园、国家水利风景区、全国重点文物保护单位。

景区位于庄浪县城东 28 千米处的关山腹地，总面积约 14891 公顷，集奇险灵秀的自然景观、古朴精湛的石窟艺术于一身，“主山名胜”为古八景之一，今仍为“陇上明珠”。

云崖寺

亮点和看点：

1. 到云崖寺景区，有“五台八大寺十六峰十八景观”之说，而最妙的是看崖峙左壁的白云洞。“洞中云出，洞上云盘，洞前云驻，洞下云擎”的景色，多数人看不到也不会注意看。现代人早已忘记了“主山”的本名，只知道云崖寺，不知道白云洞。胡缵宗曾经写道：“夫西倾有洞，而洮出焉；鸟鼠有洞，而渭出焉；嶓冢有洞，而漾出焉；崆峒有洞，而玄鹤生焉；主山有洞，唯多白云。”全国也找不到一个“吐云的洞”。

2. 云崖寺始建于北魏太平真君三年（442），与寺组成整体的石窟则开凿于同时代晚期，后因云绕古寺，云驻洞前而得名。历经北周、唐、宋、元、明、清，或修葺或扩建，形成了以云崖寺为中心，包括临近的金瓦寺、竹（朱）林寺、佛沟寺、大寺、西寺、小寺以及红崖寺、木匠寺、乔阳寺等石窟寺群落。

3. 在广约 22 万亩的林海之中，白桦、松柏等 1000 多种植物连缀成林；党参、大黄等 300 多种名贵药材埋藏在地下；红腹锦鸡、梅花鹿等 100 余种珍禽异兽出没于林间。

4. 乘船横渡，看着独特神奇的丹霞地貌和两岸“秋千架”“遮天石”“金龟饮水”等景色，你会忘记自己身在人间。攀至最高处之后，环见山峦绵亘，奇峰突起，森林苍翠，峭壁千仞，清风挟花香扑鼻，空气经洗滤直入脾肺。不一定老是拿“北国风光之雄浑粗犷，兼江南水乡之灵秀”之类的话形容，云崖寺的灵秀在南方确实找不到。明代静宁进士王瓒赋诗感慨道：“古道深藏古洞天，幽奇灵阁辟何年？乔林灌木争葱茜，啸虎惊猿自往还。万丈烟岚连碧汉，千秋云刹倚苍巅。平生览胜情无极，欲扣山灵话宿缘。”

| 紫荆山 |

到达：步行或乘公交车均可到达。

开放时间：全天。

门票价格：免费。

紫荆山是国家AAA级旅游景区。在县城中心，海拔1638米，左南河，右北河，两水交汇于山前，因遍布紫荆而得名。开发于西秦太初年间，后经历代扩建修葺，儒殿、佛寺、道观共建一山。游览总面积约1.5万平方米。

紫荆山夜景

亮点和看点：

1. 建筑风格。整体建筑注重阴阳变化，错落有序：儒居东南，有“道南书院”；释居北端紫荆林下；道占主峰山脊，三清殿之前为玉皇阁。后被损毁，1977 年后，又得以修复。1986 年，胡耀邦视察庄浪时，曾欣然挥毫为紫荆山题名。此后，修复山门、中天门、吴玠吴璘纪念馆、五圣宫、凌霄殿、财神殿、万仙洞、文昌楼、点道宫、八仙洞、药王洞、无量殿、十王殿、三皇阁、玉皇殿、无木寺、三星殿、骊山姥姆殿、财神殿及文化馆、图书馆、文化碑林、紫荆山管理所和宋城等建筑。

2. 紫荆花。有人写诗赞道："关山苍莽紫荆山，紫荆花开洛城香。"因其耐寒耐旱，而具有顽强的生命力。叶茂花繁，冠大，花期长。

| 朝那湫 |

到达：乘县城至郑河乡班车可到达。

开放时间：全天。

门票价格：免费。

朝那湫是国家 AAA 级旅游景区。位于郑河乡上寨村桃木山，海拔 2535 米，是西北地区少有的山顶湖泊。景区风光秀丽、空气清新宜人、神话故事生动有趣，是旅游、避暑、休闲的绝佳场所。

亮点和看点：

1. 神秘而神圣。朝那湫池远离尘嚣，能使人消除烦恼；朝那湫水清纯，可洗去内心的污垢。前后两湫，相距不足半里。前湫状如卧蚕，广约 3 万平方米，其深莫测，无论旱涝，水位不增不减，是古代先民进行祭祀、求雨的圣地；后湫形似弯月，池面近两万

朝那湫

平方米，湫水深浅无常，湫内遍生红色水草，犹如胭脂溶入其中。有人说，如果只是为了留恋多姿的美景，那么朝那湫的庄重就显得有点刻板；如果只是为了研究冬夏不增、旱涝不减的神奇，那么朝那湫的静美就显得有点冷漠，朝那湫远比我们所见的要深刻得多；在它的面前，能体会到一种瑰丽的祥和，一种圣洁的深沉。

2. 山水韵味。天下美景，不过是山与水的搭配。山以水而灵秀，水依山而妩媚。天然的绿山，天然的湖水，没有丝毫污染的空气，坐看碧波荡漾，落日熔金；卧看蓝天浩渺，白云悠悠，一种逃离世外的感觉。赵时春有“莫汤深潜空自守，拟乘云雨共飞蹇”的诗句。

对“朝那”的敬畏。平凉最古老的地名除了“成纪”就是“朝

《诅楚文碑》

那”。延续至今，华亭县有朝那山、朝那庙；灵台县有朝那镇、朝那庙；泾川县有朝那城、朝那沟；镇原县也有朝那湫、朝那城等。

刻石共有 3 件：《巫咸》《大沈厥湫》《亚驼》。《大沈厥湫》北宋英宗治平年间出土于朝那湫（庄浪朝那湫），全文共 319 字。郭沫若《诅楚文考释》主张《诅楚文》作于秦惠文王更元十三年、楚怀王十七年（前 312）。这年楚怀王因受张仪欺骗，发兵攻秦，战于丹阳，兵败后“乃悉国兵复袭秦，战于蓝田”。在这样严峻的形势下，秦王才向神祈求保佑，而诅咒楚王。

| 陈家洞景区 |

到达：乘县城至通化镇班车可到达。

开放时间：全天。

门票价格：免费。

陈家洞景区是国家 AA 级旅游景区。在通化镇陈堡村东龙眼峡内，有北魏晚期石窟，又名“龙眼山石窟”。是利用天然崖坎，

陈家洞

以石条、土坯砌墙修建而成。分布在长 100 米、高 60 米的峡谷北岸崖壁上，距地面 2 米 ~ 4 米，现存大小不等的洞窟 9 处，清代至民国间石碑 5 通，题记两则。窟外崖壁上镌刻有北魏浮雕造像 3 尊，是保存最完好、最具艺术和文物价值的石刻艺术精品，造像风格和南石窟寺有很多相似之处。

此外，峡谷中的石台上，有一座高 8 米的六角七级空心楼阁式砖木结构塔，现存 4 层半，残高 8 米，其风格和西峰肖金塔、西安大雁塔的建造风格类似。

景区植被良好，森林总面积约 7727 公顷，是旅游、避暑的胜地。

丨庄浪赵墩梯田生态景区丨

到达：乘县城至赵墩乡班车或坐出租车均可到达。

开放时间：全天。

门票价格：免费。

庄浪赵墩梯田生态景区是国家 AA 级旅游景区。景区在庄浪县北部，面积约 16.43 平方千米，梯田 800 公顷。为控制水土流失，改善农业生产条件，庄浪人民从 1964 年至 1998 年，34 年累计建成梯田 100.79 万亩，治理面积达到坡耕地面积的 97.8%，总移动土方量 3 亿多立方米，如果堆成 1 米见方的长堤，可绕地球 7 圈。治理水土面积约 1167.9 平方千米，治理程度达到 75.2%，初步解决了庄浪人民的温饱问题。1998 年，被水利部授予全国第一个“中国梯田化模范县”的荣誉称号。如今，百万亩梯田已成为黄土高原上一道亮丽的旅游风景线，被国内外专家比喻为“镶嵌在黄土高原上一颗璀璨的明珠”。被农业农村部评定为“中国最美梯田园——梯田 10 项景观”之一，被甘肃省政府定为“省级文物保护单位”，被平凉市文化广电和旅游局确定为“平凉市最美旅游乡村”。

亮点和看点：

1. 山水画卷。走进庄浪，那层层叠叠的梯田高低错落，纵横交织，缠山绕梁，蔚为壮观。远望庄浪梯田，青山如黛，层峦叠翠，层层依偎，轮廓分明，随四季变换，宛如一幅壮美的山水画。如果你还觉得意犹未尽的话，那一定要到位于庄浪县紫荆广场的

庄浪梯田

中国梯田化模范县纪念馆去看一看。庄浪梯田化工程被专家鉴定为“国际领先水平”，被人们誉为“世界奇迹”。中国梯田化模范县纪念馆自 2007 年 11 月正式开馆展览，已接待 37 万人次的游客参观。

2.“梯田人”的精神。连续 7 届庄浪县领导班子，30 多年同心同德率领庄浪人民，“先在山顶植沙棘戴帽，再以梯田为山缠腰，给埂坝种牧草锁边，为沟底穿靴以蓄水”。修梯田铸造了庄浪人的个性：真诚朴实，不说大话；吃苦耐劳，默默奉献。日丽山青、鸟鸣花香，温饱已经解决，他们仍不停地劳作；待在“梯田王国”，知足、幸福，摘一束麦穗，便能尝出丰收的滋味。与他们交谈，似有一股热流，暖人心田。

一望便知静宁县

走近静宁，你便走近“圣地”，走进“硕果累累”的喜悦之中。

历史悠久，根脉必厚。这里是诞生圣人伏羲的成纪，是秦人修筑了62千米长城的成纪，是孕育“飞将军”李广的成纪。

公元1304年有了“静宁”的名字，而美好的愿望一直到毛泽东率领中国工农红军在界石铺宿营后，这块土地才渐渐地趋于宁静。

苹果映红了这里的田野。到静宁，到成纪祭祖、寻根，到葫芦河边沐浴一次“大化仁风”。

静宁县，在平凉市西部，县城距平凉市中心约100千米，总面积2193平方千米，辖7乡17镇。2021年常住人口36.56万人，城镇人口11.30万人。

【旅游关键词】成纪，长城，文化城，文庙，治平，界石铺，西岭，九龙山，葫芦河，文屏山，五台山，珍珠林，仙人峡，果品出口创汇基地，大地滩，静宁苹果，静宁烧鸡，静宁锅盔，静宁烩面。

| 成纪文化城 |

到达：步行可到达。

开放时间：全天。

门票价格：免费。

成纪文化城是国家 AAA 级旅游景区。在县城中心，是全县重要的文化基础设施和旅游景点之一。占地面积约 4.4 万平方米，建筑面积 1.8 万平方米。1996 年由中国著名工程设计师任震英和高级建筑师左国保等专家设计，整体建筑为秦汉风格，气势宏伟，古朴典雅。为中外华人怀古祭祖、参观旅游的胜地。

看点和亮点：

1. 以伏羲大殿为主体，分南、北两院。南院有游客中心、画

成纪文化城大殿

卦坛以及碑廊等；北院为广场、戏楼；东接博物馆、档案馆，西连图书馆、文化馆，静宁县文化和旅游局居西北角。东西配楼为成纪历史人物纪念馆。

2. 伏羲青铜像。高5.9米，重4.8吨，是目前国内最大的青铜像。

3. 殿内置青铜九鼎、八簋等礼器，殿前置巨型青铜香炉。

| 成纪故城遗址 |

到达：乘县城至李店镇班车可到达。

开放时间：全天。

门票价格：免费。

成纪故城遗址是全国重点文物保护单位，时代坐标为秦至宋。在治平镇刘河村与李店镇五方河村两村之间，为秦汉成纪县治。唐开元二十二年（734），陇右大地震，成纪县被毁，县治南移至秦安显亲川，这就是成纪县城的第一次迁移。宋治平四年（1067），名将郭逵又在成纪城废墟上筑治平寨。此后虽然经历过多次地震，“治平”的名字一直沿用至今，只是在成立李店镇、治平乡时，治平西移，原成纪遗址反倒距李店镇近。

遗址北距战国秦长城30千米，东南距大地湾遗址28千米。城址总面积约25万平方米，今存约14万平方米，西北部和东北部残留城墙长490米。遗址文化层堆积深厚，整个城址压在新石器时代文化遗址上，在道旁、河滩和城址内，到处散布着大量秦汉时期的板瓦、筒瓦、回纹铺地砖和灰陶器物残片，还有部分唐、

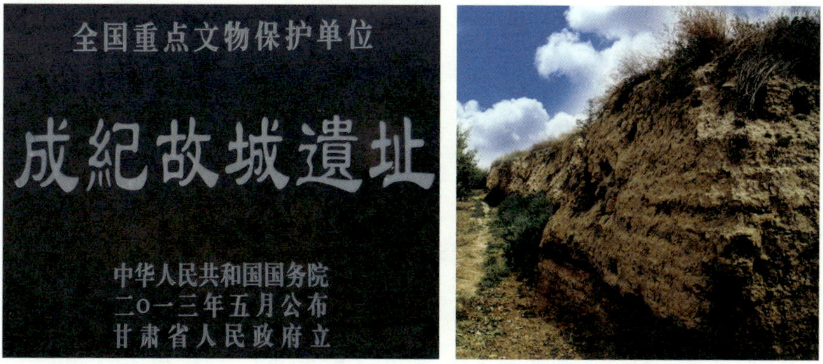

古成纪遗址

宋瓷片。瓦当纹饰有“长乐未央”“大禾美帛”字样。

亮点和看点：

1. 城中和西南断面上，发现5口相似的筒形水井，其中1口井底有战国和西汉陶罐，经文物专家断定，“城址不晚于战国”。

2. 城外四周山坡上秦汉墓葬众多，出土了大量文物。1974年、1987年在王沟村发掘的4处汉墓葬中出土了铜、玉、铁、漆器等各类文物500多件，珍品不少，如蟠螭纹青玉璧、变体云纹漆耳杯等。

3. 在故城西南1000米处王家沟庙儿坪西汉墓葬区，先后发掘出秦汉墓葬5处，车马坑1处。

4.2006年，在故城附近五方河村村东出土一件泥质灰陶陶壶，刻有“成纪容三升”铭文。

徜徉在成纪故城，不由得让人心生亲近，这是一种中华文化的天生血缘。对游人来说，这里是异乡，但同为伏羲的后代，这里又何尝不是故乡。

【资料链接】成纪　成纪这个古老的地名所属历来就有争议。清道光年间，纂修《秦安县志》的县令曾指出："成纪县治初在今静宁州西南八十里之治平川，继在今秦安北三十里之显亲川，最后乃入于秦州。不知成纪之在治平，则并大圣人里居而失之矣！"现代著名史地专家冯绳武坚持这个观点，在《甘肃地理概论》中写道："葫芦河南支流南河（古名成纪水或当亭川），谷地在治平乡与李店交界处的刘家河与五方河二村间（南距李店二里），南岸二级台地上，有治平古城（即治平成纪，东距大地湾 28 千米）。"他认为从汉以来至少迁移过三次：一是"治平成纪"，位于今静宁县西南葫芦河西岸支流南河上游的治平镇，郦道元《水经注》称此地为故帝太皞庖牺所生之处也；二是"显亲成纪"，位于今秦安城北葫芦河西岸支流郭嘉河谷地的金城里；三是"秦州成纪"，成纪县治南迁倚州。兰州大学教授魏晋贤说："古成纪在静宁这个结论，久为学人共识。"诞生伏羲的成纪，就是置县的成纪。成纪县当时包括的地域比较大，以今静宁南部为中心，含秦安、庄浪、通渭等地，曾一度属于天水郡所辖。

成纪玉　说来也巧，成纪的文物以玉称奇。1984

年治平乡后柳沟村村民挖出了“三璧四琮”。其中蚕节纹青绿玉琮最为珍贵（参前）。1996年国家文物鉴定委员会专家组把该琮确认为国家一级文物，杨伯达先生说它是“齐家文化最优秀的玉琮”，并把这批玉器称为“静宁齐家七宝”。根据《周礼》中“苍璧以礼天，黄琮以礼地”的记载，推断七宝应是沟通神灵、祭祀天地及祖先的瑞玉，用作宗教或巫术的法器。李店镇店子村出土的青绿玉铲为和田玉，贾河乡王家坪出土的玉钺为鸳鸯玉。

静宁七宝之一齐家文化玉璧

| 界石铺红军长征纪念园 |

到达：乘县城至界石铺镇班车可到达。

开放时间：全天。

门票价格：免费。

界石铺红军长征纪念园为国家AAAA级旅游景区，是全国红色旅游精品线路中的重要景点之一。界石铺镇继红村距县城约23千米，这里是红军长征中三大主力会师部队联络的重要枢纽和纵横穿插的通道，也是中共中央战略部署中确定的红军三大主力部队会师的“中心基点”。1935 年，毛泽东等党和红军领导人宿营界石铺后，次年 9 月，红一军团一师一团为迎接红二、红四方面军北上再次来到界石铺，驻守达 42 天。10 月 8 日，红四方面军四军十师与红一军团在界石铺会合，揭开了静会大会师的序幕。

1996 年中国工农红军长征胜利 60 周年，静宁县干部群众捐款 6.6 万元，对纪念馆修葺扩建，成为全国很有价值的革命历史纪念园。园区占地约 35 亩，主要建筑有纪念馆、毛泽东旧居、红军楼、南大门、红色记忆长廊、宣传教育中心、管理接待中心等，现为甘肃省爱国主义教育基地、中共党史学习教育基地、国防教育基地和全国 30 条红色精品旅游线路中的知名红色旅游景区。

界石铺红军长征纪念园

亮点和看点：

1. 毛泽东旧居纪念馆。1935 年 10 月 3 日，毛泽东、周恩来、张闻天、王稼祥等党和红军领导人率中国工农红军陕甘支队进驻界石铺，红军总司令部、政治部都曾设在这里。毛泽东与警卫人员陈昌奉等，就住在村民张克俭家中。纪念馆占地 2384 平方米，建筑面积 272 平方米，有 3 个展室，陈列有红军长征时的原始照片、地图及毛泽东用过的遗物。

2. 红军楼。本是乡村小戏楼，原名“庆圣楼”，建于清光绪年间，106 平方米。红一纵队二师政委肖华在戏楼上演讲，宣传红军北上抗日的政策。为了纪念红军长征胜利，静宁县人民把这座戏楼改称“红军楼”。

3. 老红军余新元旧居，在界石铺镇南侧。余新元 13 岁投奔红军，是红一方面军红一师年龄最小的“红小鬼”。中华人民共和国成立后，他是送雷锋和“当代雷锋”郭明义参军的重要人物之一。

| 西岭生态公园 |

到达：步行可达。

开放时间：全天。

门票价格：免费。

西岭生态公园在静宁县城北，2006 年建成，占地约 320 亩，有人工湖、中心花园、中心广场、农家乐小院及配套的凉亭、石桌、石凳等设施，种有紫薇、白玉兰、碧桃、银杏、木槿、合欢树等30多种树木、花卉，是一座集生态型、景观型、公益型、服务型于一体的综合性生态公园。

公园碑文称，“西岭亘三水之间，面五台翠屏，背马圈联峰，接东台紫气，挡北峡沙风，襟葫芦河水，映晚照夕明。”因离县城近，每天从早到晚，城区居民漫步于林荫小道，享受着别样的风景。

| 西岩寺山景点 |

到达：步行或乘出租车可到达。

开放时间：全天。

门票价格：免费。

西岩寺山在城西3千米处，“西岩积雪”为静宁旧八景之一。山势连绵起伏，由北向南延伸，最高峰海拔1964米。静宁城四面环山，独登西岩寺山可放眼三川交汇，蔚为壮观。其“环如阿母抱幼子”，也给人诸多温馨。人称出长安西行，崆峒山为“西来第一峰”。而过关山,西岩堪称“山外第一山”。《静宁州志》载：“西七里曰西岩山，有甘泉五，上建佛刹。”“红楼高下，清泉涌出，向使生于中原繁盛之区，得开山手为之点缀，又有词人墨客，往来其间，何遂没没至此？”据当地传说，北魏时已创建佛寺僧舍，复道楼阁处，还有藏经洞。农历四月初八庙会盛况，堪与主山云崖寺并提。光绪年间，本籍进士王曜南有《四月八日游西岩寺》诗曰："西岩直俯县城西，上饮湫泉快一跻。入洞才知千佛古，登峰忽讶众山低。紫荆花下人如市，绿柳阴中路似梯。为辟寺门联远听，钟声高与白云齐。"山上气候宜人，草木茂盛，奇花异草遍野。已恢复修建大雄宝殿、玉皇洞、菩萨殿及塑像26尊，存有壁画36幅，收藏部分汉砖瓦、枯木化石等重要文物，是旅游、休闲的理想场所。

【故事新说】"瀛洲"二字　明朝正统年间，西岩寺被重新修葺后，有一天来了一位道士，衣衫褴褛，而形貌奇伟，风度神采迥异常人。"寺中众人相与见礼，问姓名乡籍，皆不作答。少坐，取炕上毡卷而缚住，插入粉墙的垩土瓮中，浸渍良久后，双手举起毡卷，在门壁上大书'瀛洲'二字，纵横各一间，结构完密，得未曾有。"相传当时静宁州平凉卫人杨仪曾在山寺读书，有幸目睹他写字的神情风姿。道士写完字转身看见围观人群前的杨仪，不禁开口道："我阅人多了，还没有见过像你这样骨秀的人。既然你见到我写字，那你应该是可教的吧！可惜名根未断，奈何？"杨仪想留他在山房住下，听其教诲，道士不肯，执意要去。杨仪只好送他上路，同行数十里不忍分离。天色晚了，便同住于路旁的古寺中。道士教杨仪真草书法的要领，又授丹诀，戒勿泄露。后来，杨仪果然以"工书"名世。岁月交替，道士一去不复返，所书“瀛洲”二字，犹存于残壁。又过了10多年，静宁有名的“贡爷”赵为卿登临西岩寺时，庙去字消。赵为卿曾有《西岩怀古》诗曰：“一上西岩尽草莱，当年景物半成灰。何时仙客重临此，再写瀛洲两字来。”

| 九龙山 |

到达：乘县城至界石铺镇班车半道下车，步行可达。

开放时间：全天。

门票价格：免费。

九龙山在城西7.5千米八里镇，海拔1998米。相传汉刘秀起兵西行讨伐隗嚣，曾于此避难得救，遂称“救龙山”。明清以

九龙山

来，音变为“九龙山”至今。《静宁州志》形容此山“祠宇层叠，古树阴浓”。山间庙殿亭阁较多，正月初九（俗称“上九”），方圆数十里社火队伍在此汇集，赛狮、闹社火，香客烧香还愿，为一大景观。山上树木茂密，是旅游、避暑的胜地。

| 烽台山 |

到达：乘专线车至高城寨，步行可达。

开放时间：全天。

门票价格：免费。

烽台山在县城东北部，紧邻312国道，总面积约6500亩。景区包括仿古山门、观光亭、古城墙、烽台山庄、观光经济林带、莲花喷泉以及游泳池、旱冰场等娱乐设施，是度假休闲的好去处。

烽台山

| 五台山 |

到达：步行可达。

开放时间：全天。

门票价格：免费。

五台山位于县城南偏西 1.5 千米处，景区面积约 12 万平方米，建筑总面积 1.6 万平方米。宋元以来，先后建有真武庙、药王洞、文昌阁、子孙宫、香山洞、磨针洞等。雕梁画栋，亭台洞窟，小巧别致，结构严谨。面山乔灌木盘根错节，以丁香为主的野花遍布山坡，景色宜人，是怀古春游的好去处。

| 文屏山 |

到达：步行可达。

开放时间：全天。

门票价格：免费。

文屏山在城南 1.5 千米处，是静宁旧城中轴线上的面山，旧称翠屏山。《静宁州志》载："翠屏山在州南三里，有圣母宫、文昌阁、药王庙等祠。"因与静宁文庙相对，而又名"文屏山"。于是有人说，静宁人文蔚起，贡举迭出，是前有文屏，后有文庙，文曲星保佑之结果。进士王瑱《九日登翠屏山》诗云："灵气吸呼通帝座，烟岚缥缈接星台。"山上建有三霄娘娘殿等大小 11 殿、2 楼 2 亭、2 庙 1 洞 1 天梯。

立文屏山小憩，清风徐来，神清气爽。俯视县城，楼台竞秀，

文屏山

车水马龙。每年农历七月十二日，在此举行庙会，钟鸣鼓应，香烟缭绕；红男绿女，络绎不绝，堪为大观。

| 文庙古建筑群 |

到达：步行可达。

开放时间：全天。

门票价格：免费。

文庙古建筑群是第八批全国重点文物保护单位。在静宁一中校园内。始建于明嘉靖二十一年（1542），原建筑面积 18076 平方米。清康熙三十一年（1692）重修。坐北向南，承古代建筑风格，顺中轴线依次为棂星门、戟门、大成殿，戟门内为四合院落。

文庙

明清时，围绕文庙修建有学宫。这里松柏掩映，树影婆娑，幽静肃穆，的确是静宁文化教育的摇篮。

看点和亮点：

1. 整个布局主次分明，结构严整，造型独特，气势宏伟，是明代具有代表性的建筑群。牌坊式门楼叫棂星门，本来称“灵星”，是天田星。汉高祖刘邦做了皇帝后，为了风调雨顺，就命令祭祀天田星。到了宋代，儒家把孔子与天相比，所以在孔庙和儒学中，把祭祀孔子当作祭天，所以都筑有灵星门楼。演变至后来，人们见门的形状好像窗棂，就把“灵星”改为“棂星”。门上写的“先师庙门”4个大字，也是从山东曲阜孔庙临摹过来的赵孟頫手笔。

2. 静宁县博物馆藏品中有两件乾隆五年（1740）铸造的铜钟：一件饰“蛟龙出水”图，一件饰“鲤跃龙门”图，内壁均铸有“乾

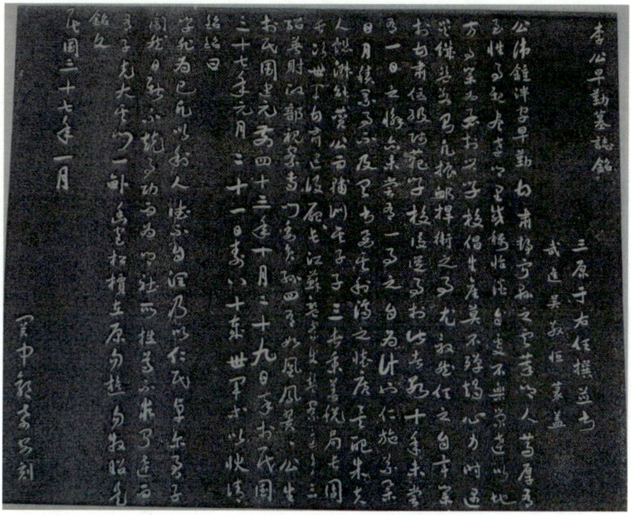

于右任为静宁李早勤撰写的碑文

隆庚申年丙戌月静宁州儒学建造”楷体铭文，当是文庙之乐器。

| 珍珠林 |

到达：乘县城至古城镇班车到山下步行可达。

开放时间：全天。

门票价格：免费。

珍珠林在古城镇兴隆山上，面积 50 多亩。隋唐时庙宇已毁，明清以来建成三清洞、玉皇洞、菩萨洞、菩萨大殿、钟楼、药王殿等，是道教、佛教之活动场所。景区树木茂盛，树种繁杂，以稀有珍珠树为主，各种花草生长于灌木丛中，形成了典型独特的珍珠林。珍珠林是静宁乡间颇有名气的一处旅游避暑胜地，这里云飞画栋、烟宿池柳。端午节前后，更是人们游览珍珠林的黄金时节。

| 十万亩果品出口创汇基地 |

到达：乘县城至李店镇、治平镇班车可到达。

开放时间：全天。

门票价格：免费。

十万亩果品出口创汇基地在李店河流域，以红富士苹果栽植为主的果品主产区，涉及静宁县南部 6 个乡镇 86 个村，果园面积达到 15.04 万亩，占耕地面积的 60%。从 20 世纪 80 年代开始建设，目前已形成了集果品生产、科技推广、品牌带动、营销服

静宁苹果生产基地

务、生态观光为一体的果品产业体系。

| 大地滩生态农业观光园 |

到达：乘县城至城川镇班车可到达。

开放时间：全天。

门票价格：免费。

大地滩生态农业观光园是静宁县葫芦河流域10万亩高效农业示范园区的一个中心示范园，占地面积约2100亩，基地内红富士苹果、早酥梨、杏和桃等4个主栽品种得到中国绿色食品发展中心绿A产地认证和品种认证。园区是融田园风光、现代新农村休闲、生态高科技为一体的乡村休闲旅游基地。

第四单元

此处任由我行

博山神兽纹铜樽　东汉

高28.5厘米，直径22.5厘米，底径23.5厘米。宫廷用品，制作工艺十分考究，运用高浮雕、线刻相结合的手法，雕造出层叠的山峦、缭绕的云雾，山峦中奔跑着龙、虎、凤等奇禽异兽，动感强烈，神秘怪异。属国家一级文物。

张恨水眼中的平凉

1934年5月，张恨水从古都西安出发，进入甘肃泾川，经平凉、静宁抵达兰州。他笔下的平凉："向来是西陲军事重镇，而北往宁夏、南去川北的买卖，也都由这里转运。陕甘商办汽车，不能直达，更是在这里转车。所以这个地方，是西安、兰州、宁夏、天水四城的中心点。这城是很奇怪，由东关到西关，穿城而过，是九里路一条长街。全城人口有一万四五千名，那是荒凉的西北高原上所少有的。最妙的，这里居然有一家四开纸的小报和若干家通讯社。在这一点上，可以想到西北人是把这里当一个重镇的了。"

十四、六大文化之旅

平凉文化底蕴的深厚程度，恐怕在全国也能排到前边。从伏羲画卦、黄帝问道、王母夜宴，到周文王灵台祭天、秦皇汉武登崆峒山；从泾川大岭上发现的旧石器早期先民生活遗址，到泾川牛角沟出土的旧石器晚期“泾川人”头盖骨化石；从北魏南石窟寺、“百里石窟长廊”，到国宝玉琮、金棺银椁，无不彰显着平凉文化多元而又独特的魅力。

现在，平凉已形成气候的是“崆峒文化”“成纪文化”“西王母文化”“皇甫谧文化”。这四大文化互相交织而又各有重点，为满足人们的个性化旅游需求，还需进一步挖掘和拓展。

崆峒文化是以崆峒山“道源圣地”为中心形成的多维文化，是对自然、宗教、艺术、民俗、医药、武术、建筑等内容的综合反映，包含了人与自然和谐相处、提升生命灵魂和促使社会进步的多元文化体系。南怀瑾《禅宗与道家》记述道：“黄帝曾拜过七十二位老师，遍学各种学问，最后西上甘肃的崆峒山，问道于广成子。”广成子，便是中国传统文化的集大成者。

崆峒山西接六盘山，东望秦川，南依陇首，北峙萧关，泾河、胭脂河回护前后，无论你站在气势磅礴的马鬃山，还是奇特的香山顶；无论你凝望神秘的玄鹤洞，还是引人入胜的弹筝峡；你都会拥有无尽的生气与活力。

崆峒胜景以山峰为主体，彰显着自然景观的魅力；遍布于层峦叠嶂间的文物古迹，蕴含了不同时代的精神风貌。自然景观又激发着人的灵感，不断地丰富着崆峒文化。“剑”在哪里？“崆峒漫倚防身剑，枉负平生作男儿。”“道”在何方？“真人得道自崆峒，万国同归寿域中。”“鹤”翔谁边？“底须驾鹤崆峒。又何必，寻仙海上峰。”“云”归何处？“返照自悬疏陇树，浮云忽断出泾河。”假如你接上平凉的“地气”，会对生活、对社会、对自然产生独特的感悟，你会在心灵深处暗示自己要“悟道”。“空同之人武”,得益于广成子“抱神以静”“阴阳有藏”的启示。“八十一化图”，引导人们步入另外一种艺术境界。崆峒文化所积累的永远是向善守正的正能量，有着无限的魅力和强大的生命力。

崆峒文化——可规划“问道”文化线路。崆峒文化的地域背景由最初的崆峒山周围，逐渐扩展到东起河南汝阳，西至甘肃河西地区及全国六七个省市。由崆峒山、演玄观、“老子八十一化”、龙隐寺扩展到静宁伏羲大殿、庄浪云崖寺、泾川王母宫、灵台皇甫谧文化园，以及各市县博物馆、城隍庙等。

以伏羲诞生地古成纪为中心形成的成纪文化，古老而神奇。伏羲“仰则观象于天，俯则观法于地，旁观鸟兽之文与地之宜，近取诸身，远取诸物，始画八卦，以通神明之德，以类万物之情”；造书契以代结绳之政；结网罟以教民渔猎；制嫁娶之礼；作历度；作弦乐；肇启华夏文明。所以，成纪文化涵盖了“伏羲文化”，是中华民族的本源文化，它与“易文化”“龙文化”以及“大地湾文化”有着密切的联系。成纪文化还包含李氏文化等。成纪文化，博大精深。

成纪文化——可规划“寻根”文化线路。成纪文化的地域背景由静宁扩展到河南淮阳。由静宁成纪故城遗址、伏羲大殿，扩展到秦安大地湾、卦台山、女娲庙，天水伏羲庙等。

西王母文化的发祥地在泾川。西王母是一个人、神、国、巫、俗杂糅的复杂综合体。历史学家吴晗考证认为，西王母是公元前3000年左右活跃在陕、甘高原一带的戎族或西戎的别名。在道教中，西王母又称王母娘娘、瑶池金母、金母、金母元君、九灵大妙龟山金母。所以，西王母文化是以“和平、长寿、母爱、团圆、艺术”为核心的美善文化。西王母信俗对泾川民众的影响几乎涵盖了他们生活中的各个方面，如庙会、祭祀、贸易、民间故事、民间艺术、建筑、郊游、农事，等等。

西王母文化——可规划“信俗”文化线路。西王母文化的地域背景由甘肃泾河流域、青海湟河流域、新疆天山及山东泰山等地区扩展到台湾宝岛。泾川农历三月二十日的庙会，吸引了西峰区、宁县、镇原县以及陕西、宁夏、河南、台湾等地的群众前来朝拜，西王母文化研究者也不断到上述地区考察交流。

皇甫谧的《针灸甲乙经》，为针灸的发展奠定了坚实的基础。如今，针灸已在160多个国家和地区推广。皇甫谧文化是以“针灸鼻祖”为品牌，以皇甫谧在各个领域的学术思想为内涵，以遗迹、著作、陵园、民间传承等为代表，以挖掘整理、投资开发文化旅游产业为重点的地域文化。它蕴含了中医学、哲学、养生等优秀文化的精神内核。

皇甫谧文化——重点可规划“中医”文化线路。包括灵台皇甫谧文化园、皇甫谧医院，平凉皇甫谧中医院、针灸养生医院，以及其他各市县中医院及全国针灸研究机构等。

平凉还有佛教文化，正在掀起研究热潮。佛教文化发扬的代表地有崆峒山、大云寺等。从隋文帝颁诏在泾州大兴国寺建舍利塔，到武则天敕令将泾州大兴国寺改名“大云寺”，将精制的鎏金铜匣、金银棺椁重置于地宫，再到明代韩王封于平凉的200多年间大力扶持佛教，这些都已使这一地区形成深厚的佛教文化影响。还有庄浪云崖寺石窟的修凿，平凉东塔及东塔寺的创建，崆峒山凌空塔、藏经阁、十方院的营建；还有泾川禅窟、生活窟的建造等，这些领域的研究也在不断发展。

平凉的“韩王文化”已经引起人们的高度关注。韩王封于平凉的200多年间，除韩昭王朱旭櫏、韩定王朱融燧、韩端王朱朗锜等热衷于弘扬佛法外，还有道教及其他文化的建设。

【资料链接】平凉的“全国文保”与“全国非遗”名录　平凉的全国重点文物保护单位有14处，分别为：延恩寺塔（崆峒区）、崆峒山古建筑群（崆峒区）、王母宫石窟（泾川县）、南石窟寺（泾川县）、牛角沟遗址（泾川县）、西山遗址（灵台县）、桥村遗址（灵台县）、武康王庙（崇信县）、石拱寺石窟（华亭县）、云崖寺石窟（庄浪县）、陈家洞石窟（庄浪县）、成纪故城遗址（静宁县）、战国—秦长城（静宁县）、静宁文庙（静宁县）。

全国非物质文化遗产有：华亭曲子戏、庄浪高抬、西王母信俗。

十五、博物馆之旅

博物馆是一个地方历史文化和古代文明的艺术殿堂，要想全面了解一个地方，必须要参观当地的博物馆。看平凉文物，你会看到平凉得天独厚的地缘优势，看到农耕文化与游牧文化、中原文化与西域文化在这里的交流碰撞、互融共进。崇信县于家湾墓葬群，是迄今为止甘肃境内考古发掘规模最大的商周遗址，有力地佐证了史书关于周先祖躬耕芮鞠、发展农业的记载；静宁县、庄浪县“鄂尔多斯文化”青铜器及牌饰的发现，证明了游牧民

族草原文化对关山西麓的浸润；灵台县枣树台遗址出土了 274 枚窖藏“外文铅饼”，接近全国发现该类文物的九成，是丝绸之路中西商贸繁荣的最好实证；华亭安口窑遗址，诉说着陇上名窑的过往传奇；崆峒山鳞次栉比的古建筑群和太上老君八十一化壁画等文物遗存，书写着崆峒道源文化的厚重与神奇；以云崖寺、南石窟为代表的石窟群自西向东绵延平凉全境；大云寺、龙兴寺 2000 余枚佛舍利及 280 余件佛造像等文物的出土，再现了古泾州佛教圣地的壮观场景。全市博物馆共有馆藏可移动文物 20455 套（实际数量为 45445 件）。其中，国家一级文物 22 套、二级文物 1106 套、三级文物 4131 套、一般文物 14996 套。

我国古生物化石中的平凉五菱齿象、平凉古菱齿象、陇东剑

平凉市博物馆

齿象化石等 3 种化石都是在平凉首次发现的。

全市博物馆开放时间：周二至周日，9：00—11：30，14：30—17：30，周一闭馆。

| 平凉市博物馆 |

平凉市博物馆的前身是平凉地区博物馆，成立于 1979 年。位于明代韩王紫金城延恩寺的旧址宝塔梁上。2019 年 9 月 26 日，迁入新馆。新馆占地面积约 126 亩，总建筑面积 2.16 万平方米，仿汉唐风格。内设 4 个功能分区、10 个展厅，陈列展览面积近 1 万平方米，有平凉历史文化、平凉革命历史、佛像艺术、道文化、馆藏书画精品展等板块，以及锦英瑞彩——故宫博物院藏宫廷珐

北周铜观音五尊立像

高 22 厘米。主尊观音、二菩萨、二弟子组合。观音头戴莲冠，面相长圆，眉目清秀，着帔帛与裙，颈系项圈，璎珞于腹前穿环下垂至膝，左手下垂执净瓶，右手上举握柳枝，缯带沿体侧下垂，跣足立于仰莲座上。五尊造像均作榫卯式连接于上圆下方四足床座上。

琅器特展，后续还将布设平凉市非物质文化展馆、平凉地方志展馆及景观广场。新馆已成为陇东地区的文化地标，是甘肃省市（州）博物馆中仅有的 4 个国家一级博物馆之一，获得文化和旅游部授予的“全国公共文化设施管理先进单位”、团中央授予的“中国青少年社会教育‘银杏奖’——优秀团队”等荣誉称号。馆藏有青铜器、陶瓷器、金银器、玉石器、碑刻壁画、书画皮影等 10 多个种类的藏品 11565 件，其中国家珍贵文物 842 件。博山神兽纹铜樽、七乳羽人鸟兽纹铜镜、观音立像等均属国家一级文物。

| 灵台县博物馆 |

灵台县博物馆在城北荆山森林公园内，建于 2006 年 9 月，仿古建筑风格，展厅分 4 个专题陈列馆，现有藏品 1 万余件，其

灵台县博物馆

唐·踏羊彩绘天王俑高108厘米，红陶质。头戴侧翻翅盔，竖眉怒目，短髭上翘，面容狞厉。它是借鉴佛教护法神天王像的体貌特征，经过艺术夸张塑造成了中国武士形象。

随葬品天王俑

中历史文物藏品 7629 件，国家一级文物 44 件，二级文物 441 件，三级文物 1166 件，一般文物 5618 件，文物藏品数量之多、之精居甘肃省县级博物馆之首。馆藏文物中，上自旧石器晚期，下迄民国，商周青铜器藏品数“中华之最”，数量达 2000 余件。青铜礼器组合及其铭文，为研究灵台历史和西周社会提供了重要的文物依据，堪称镇馆之宝。

| 庄浪县博物馆 |

庄浪县博物馆在庄浪县东关街文化巷 10 号，成立于 1984 年 5 月。总占地面积 1541 平方米，其中库房面积 120 平方米，馆藏文物 7400 余件，有国家一级文物 47 件，二级文物 198 件，三级文物 654 件，史前文物丰富。其中有仰韶文化和齐家文化陶器，

庄浪县博物馆

通高206厘米，最大底宽34厘米，最小底宽28厘米，灰砂岩质。塔身由五块呈梯形的方石雕叠垒而成，上小下大。原为楼阁式，今塔顶与塔基均失，仅留五级塔身。此造像塔反映出北魏晚期佛教雕刻艺术的高超水平。

北魏石造像塔

齐家文化玉器是其代表。北魏卜氏佛造像塔曾多次在日本、新加坡、美国等国展出，并被美国《中国不朽的遗产》一书收录，成为甘肃唯一列入该书的文物。隋代铜虎符，为研究隋代军事、政治、兵符制度及庄浪和周边地区历史提供了珍贵的实物佐证。寺坪塬遗址出土的金代窖藏文物中，宋代的定窑、景德镇窑、耀州窑、磁州窑瓷器最为著名。

| 静宁县博物馆 |

静宁县博物馆在静宁县人民巷成纪文化城院内，成立于1984年12月，现为国家三级博物馆。原址在中街，2000年7月迁入新馆。建筑面积1585平方米，是集办公、收藏、展览于一体的仿古式建筑。馆藏文物2325件，其中一级文物24件，二级文物191件，三级文物797件。仰韶文化、马家窑文化以彩陶为

马家窑文化曲腹罐

特色，齐家文化以玉器为特色；商周至战国时期文化的代表主要是寺洼文化，有马鞍口形罐和扁足鬲等；秦汉时期的文物有成纪故城遗址出土的秦汉建筑材料及秦、汉至三国时的铜器、陶器、玉器、漆器等；魏晋至隋唐时期的文物有仕女箜篌雕铜饰件，宋元明清时期的文物有西夏印、铜火筒、宣德炉等。其中，齐家文化玉琮为国家一级文物，是该馆的镇馆之宝。

| 泾川县博物馆 |

泾川县博物馆在泾川县安定街 5 号。1984 年成立，原址在王母宫山下石窟寺院内，占地面积 3025 平方米，建筑面积 465 平方米。1990 年迁至城隍庙院内，占地面积 3000 多平方米，建高198厘米，宽50厘米，砂岩质，菩萨头戴宝冠，冠施红彩并贴金，面部丰圆，额部中央镶嵌珠宝，现已无存，颈戴圆形莲花、垂铃项圈，上身着僧祇支，下身着裙，裙边外翻，中央裙带下垂，腰部似系腰带，身体右侧垂悬细长带，下坠流苏。该菩萨像是目前泾川出土体量最大，雕刻最为精美的佛教造像。

隋彩绘贴金观音菩萨立像

筑面积210平方米。馆藏文物1600余件，其中国家一级文物31件，二级文物121件，三级文物494件。珍贵文物有头盖骨化石，新石器时代庙底沟类型平折宽口沿彩陶罐，商代玉戈，西周铭文铜爵、铜觚，唐代金银棺，金代“泾州之印”，元代纪年瓦兽件，北周青石佛像等。

| 崇信县博物馆 |

崇信县博物馆在崇信县团结路12号。成立于1987年，与崇信县文化馆、图书馆合署办公，1999年4月分设。占地面积约

崇信县博物馆

1200 平方米，建筑面积 240 平方米，其中库房面积 120 平方米，临时展厅面积 60 平方米。现有馆藏文物 1883 件，其中国家一级文物 5 件，二级文物 43 件，三级文物 219 件。崇信于家湾墓地是甘肃省目前发现时代最早、埋葬人数最多的周文化墓葬群。甘肃省文物考古研究所于 1982 年、1984 年和 1986 年先后三次在此发掘了一批先周和西周墓葬，数量达百余座。这里出土的文物，包括铜器、陶器、玉饰、蚌饰和海贝等，西周时期的“父甲”铜觚，是该馆的镇馆之宝。在锦屏镇刘家沟村和长新村王家湾，先后发现战国（秦）时期的大量墓葬，出土了许多戳印着“卤市”等字样的陶器，为战国（秦）设置卤县提供了珍

“月氏”铭货泉铜母范

贵的实物资料。在黄花塬村娑罗树东南百余米处，出土 4 件造像塔和 3 件北魏时期造像碑，其中扁体砂岩造像碑，高 106 厘米，宽 91 厘米，厚 21 厘米。正中浮雕一佛二菩萨，佛的背光周围飞翔着六位伎乐天，每位伎乐天的双手各持一件乐器，从左往右，依次为五弦琵琶、羯鼓、筝、笛、腰鼓、曲颈琵琶，堪为艺术珍品。

| 华亭市博物馆 |

华亭市博物馆在华亭市人民广场西侧，1990 年成立，占地面积 4300 平方米，建筑面积 1500 平方米，展馆面积 3060 平方米，办公及附属用房 700 平方米，建筑仿明清宫殿式风格。馆藏文物 19 类 1114 件，其中国家珍贵文物 142 件，国家一级文物 16 件，二级文物 24 件，三级文物 102 件，元代龙泉窑青釉镂空花瓶为该馆镇馆之宝。

为探究本地丰富的陶瓷文化资源，政府甄选上至宋金下至改革开放初期，包括民用、工艺、工业三大类精品陶瓷 396 件，专门成立了安口窑陶瓷馆。

| 崆峒区博物馆 |

崆峒区博物馆原在崆峒区隍庙巷 5 号，成立于 1990 年，2002 年搬迁至南山公园玄鹤楼。占地面积为 1008.32 平方米。有展室 7 间，面积为 231 平方米；馆藏文物 2755 件，其中国家一级文物 22 件，二级文物 149 件，三级文物 321 件。1993 年出土

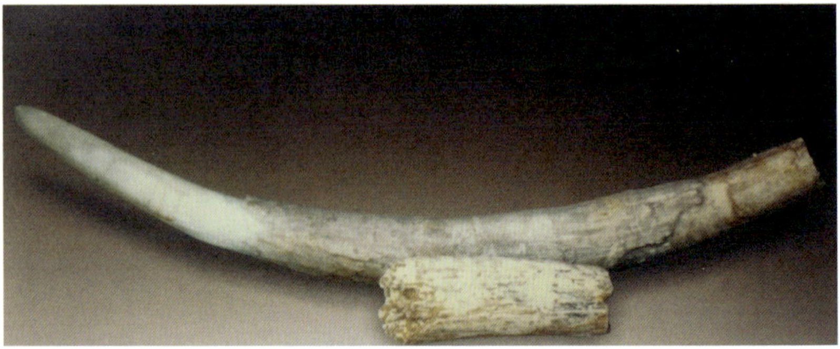

平凉古菱齿象象牙

于大秦乡沙塬子的“古菱齿象”被中国社科院古脊椎动物研究所断定并取名为“平凉古菱齿象”，被定为世界性标本；安国东沟遗址发现了一批与临洮寺洼山有较明显区别的马鞍型口沿的陶器，考古界起名叫“寺洼文化安国式”，并载入史册；在四十里铺镇庙庄村出土的一批青铜器，造型美观，具有较高的工艺价值。

明鎏金阿弥陀佛铜坐像

| 崆峒山文物宗教管理所博物馆 |

崆峒山文物宗教管理所博物馆位于崆峒山中台，展馆面积约80平方米，现有馆藏文物113件，其中国家一级文物4件，二级文物22件，三级文物52件，其他文物 35 件。馆藏文物主要以明清藏传佛教鎏金铜造像为主，这些造像做工精细，法相庄严，形态各异，堪称崆峒山馆藏文物中之精品。还有部分石器、铁器、陶器及碑刻等。

| 平凉海山书报收藏馆 |

2017 年 7 月，平凉市退休干部张海山自费创办书报收藏馆，收藏全国各级各类、各行各业创刊号、终刊号、号外、特刊、八连体报、丝绸报、伞报、扇报、扑克报、错版报、重大事件报、专题系列报、港澳台报，还有外国报等新旧报纸约万余种 10 万余份，中外书籍近万册，杂志 3000 多本。最早的有清代和民国时期的报刊，时间跨度约 100 年。其抗日救亡时期的《救亡情报》藏量为全国民间收藏之最，平凉民国时期的《陇东日报》《平凉青年》《平凉民报》和报道平凉解放的《人民日报》《新闻日报》《察哈尔日报》《晋察冀日报》等报纸

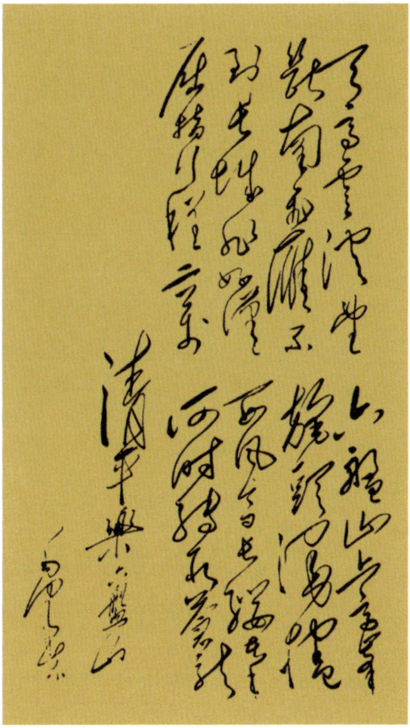

1935 年 10 月，红军长征途经六盘山，毛泽东第一次书写的《清平乐·六盘山》

详细地记叙了平凉解放的具体过程和解放军进驻平凉的盛况，具有很高的文物收藏价值和历史研究价值。

该馆在 2018 年 11 月、2019 年 8 月入选第三届全国、全省“书香之家”名录 。

除以上文物场所外，崆峒区柳湖镇八里村有虎山红色“乡村记忆”博物馆，面积约 800 平方米，展品 5000 余件，全面反映了中国共产党人在平凉的革命活动足迹，是甘肃唯一一家以家庭为单位的“乡村记忆”私营博物馆。之后，庄浪王积稼“凭农家之积贫，搜旧拾零，时逾卅载”，收集人物、政党、制度、证券契约、民生器具、民俗文物千余件，办起嘉禾博物馆。

十六、探险之旅

1. 十万沟大峡谷

十万沟大峡谷在泾河峡谷南侧、距平凉城约 20 千米的麻武乡城子村境内，景区面积约 23.8 平方千米。中国地质科学院地质研究所研究员林景星教授和国家地质实验测试中心技术员宁秋霞，在《地球》杂志发表的题为《山水方滋崆峒奇》的文章称：“崆峒山丹霞赤壁的大景观不在主景区内，而是藏在高深莫测的无人区十万沟大峡谷里。我们曾考察了部分十万沟大峡谷，那里峡谷

十万沟大峡谷

壁立，如刀削斧砍一般，曲折绵延，犹如长城。建议在十万沟大峡谷谷口最窄处，修建一座完全依照自然峡谷形态的高坝，使其蓄水成为万峡湖，然后让流水从湖口跌落，形成万峡湖大瀑布。万峡湖形成以后，原在峡根处的断崖空洞，会被湖水贯通，有些峡根很薄的地方，还可以人工打通，形成‘天然涵洞’，游人可划小船进入十万沟峡谷，泛舟巨湖，丹霞赤壁奇观定会让游客留恋忘返，乐而忘归。”

崆峒山十万沟大峡谷位于黄土高原，属于干旱半干旱气候地带。一进入崆峒山，就如同踏入了江南，这里的原始林木郁郁葱葱，森林覆盖率几乎达到百分之百。根据科学研究，其植物种类至少有1000多种，动物种类近500种。崆峒山水质比国家标准一类水还要好，是可以直接饮用的优质的自然水。大峡谷仍然保持着原始状态，野花随意而开，荒草肆意蔓延，丛林葳蕤生长，飞鸟尽兴而鸣。但是，地形复杂，万万不可擅闯。

当然，探险寻求的就是一种刺激，就在盛夏出行，既可避暑，又能畅怀，但一定要事先做好报备，要多人组队且要有向导，还要准备充足，除食物和饮用水之外，还需准备刀具、绳索、雨衣、手电筒、充电宝等。2014年秋末，我与李恒达及城子村向导3人进行过一次探险，至今记忆犹新。灌木野草下找路，腾崖越堑式前行；闻水响而不见，看鸟飞而无声；断崖峭壁，万松绝立；谷幽洞邃，阴风凄凄。本想放飞心情，实则落魄惊魂。但是，峡谷的传说故事，总是一种吸引：昔日黄帝登崆峒山问道于广成子时，曾将十万军马隐藏于沟内，峡谷由此而得名。至今石崖间还留有“将军窑”“藏军洞”“击鼓窑”“教坪”“仓房梁”“将官墓”“望驾山”“望驾坪”“望驾亭”“骨石峡”等遗址。搞写生的人看悬崖陡峭，藤条缠绕，山岩奇诡，林木繁茂，还有溪流潺潺，十余处瀑布，积水成潭，碧蓝如镜，灵感也会随之而生。“虎跳崖”是十万沟最著名的景点，探险不可不去。

2. 仙人峡

葫芦河流至静宁威戎，经受峡、张峡、麻峡、程峡、崔峡、后峡等约百余里的峡谷，人称“仙人峡”，又名“受家峡”，距静宁县城南约 25 千米处。峡谷南北长百里，东西宽数丈，幽谷窄隘，众壑纵横，有天然拱桥“仙人桥”“一线天”“龙马城”“天宇崖”等景观。郦道元《水经注》:“瓦亭水又东南，与受渠水相会，水东出大陇山，西迳受渠亭北，又西南入瓦亭水。瓦亭水又西南流，历僵人峡。路侧岩上有死人僵尸峦穴，故岫壑取名焉。释鞍就穴，直上可百余仞，石路逶迤，劣（略）通单步，僵尸倚窟，枯骨尚全，唯无肤发而已。访其川居之士，云其乡中父老作童儿时，已

仙人峡

元清　崆峒山水画

闻其长旧传此，当是数百年骸矣。”

仙人峡与伏羲、女娲传说故事有关。比起十万沟大峡谷，这里似乎无“险”可探，却有“惊”有“惧”。胆小者不敢涉足，力欠者空存长叹。据《水经注》记载，程峡以上“受渠水”是仙人峡，以下则为“僵人峡”。

十七、觅踪之旅

1. 古密须国

在灵台县城西 20 千米的百里乡。今百里中学后院，据说是原密须国宫殿的遗址。距遗址东两里许的烂泥湾有密须公墓，洞山有一庞大的西周墓葬群，甘肃省最大的西周铜鼎就出土于此。

大体推知，当年密须古城廓呈方形，城内面积约 15 万平方米。有“北将台”“南将台”“马苑”。

【故事新说】共王灭密　古代，在今甘肃省灵台县有密须古地，至殷商王武丁时，封赐密须国。公元前 1057 年，密须国为周文王所灭。公元前 1046 年，武王伐纣，建立周朝，封同姓诸侯，密须氏建立密国，经历了周成王、康王、昭王、穆王 4 朝后，于公元前 945 年，被共王所灭。原因是：密国国君密康公陪同周共王到泾水岸边巡游，有3位美女偷偷投奔了密康公，做了他的妻妾。密康公的母亲隗氏知道后劝说："孩子，你既然得到了3个漂亮的姑娘，就应当献给共王。"密康公不听劝，被周共王知道了。共王非常恼怒，他认为这是"藐视天子，违背周礼，图谋不轨"，于是在第二年春天发动了对密国的战争。密国灭，其地划归西周其他诸侯管辖。

2. 韩王府

到平凉，当你到人民广场时，一定要转转这里曾经的韩王府。明太祖朱元璋建国之后，从洪武三年（1370）至洪武十八年（1385），先后分封诸子为王，分镇全国各地。平凉优越的地理位置和自然生态，自然是"龙子龙孙"生活的好地方。明朝时，平凉最初受封亲王为安王朱楹。永乐六年（1408）他就藩平凉时看中这块风水宝地，将平凉卫改为"安王府"。安王于永乐十五年（1417）薨，谥号惠，因其无子，国除。洪熙元年（1425），该处改建为韩王府。宣德五年（1430），韩恭王就国平凉。韩王先后在平凉212年，现在，只能看见两尊石狮子依旧站在那里望着行人。

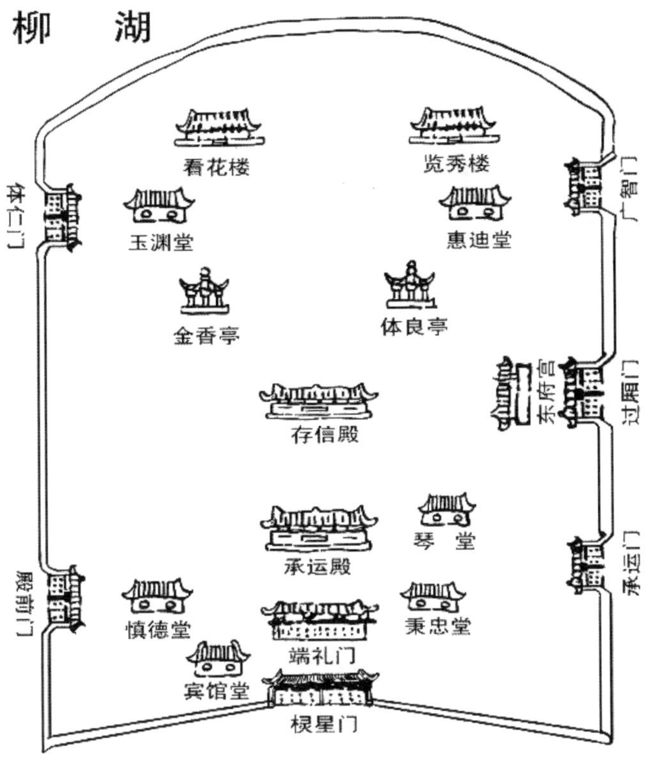

韩王府示意图

3. 平凉古城

平凉之名始于公元 376 年置平凉郡，置郡不久便置平凉城，但不是现在的地方。572 年所置之平凉县城也不在此。今平凉城始建于唐代，至明代形成规模。要了解平凉古城风貌，记得去崆峒古镇・问道驿站一游。（参看前文问道驿站・广成客栈）

【趣闻逸事】姚嗣宗平凉“仙地”发迹　宋代人似乎爱在墙上“胡写乱画”，宋江题反诗，武松杀了人还要留名在墙壁。没想到宋代华州（今陕西华县）人姚嗣宗于庆历年间来到平凉，在驿站墙壁上题写了两首诗，因此得官留名。

先看诗，第一首：“踏碎贺兰石，扫清西海尘。布衣能效死，可惜作穷鳞。”第二首：“南粤干戈未息肩，五原金鼓又轰天。崆峒山叟笑无语，饱听松声春昼眠。”

路人看了，大多笑笑而已，可巧被进士出身的韩琦看见了，连声称奇，“好诗！好诗！”韩琦是个爱举荐人才的贤人，他大胆地将姚嗣宗推荐给范仲淹。康定元年（1040）五月，韩琦与范仲淹一同被任命为陕西经略安抚副使，充当安抚使夏竦的副手，同气相求，互相声援。范听韩说，将姚嗣宗推荐任试大理评事，于庆历三年（1043）调任环州军事判官，主陕西四路部署司勾当公事。时范仲淹督师陕西，试用一段时间，奇其才乃上奏曰：“嗣宗策试方略考在优等，效官边郡不避险阻，文笔奇峭有古人风格，兼通经术，宜置国庠，欲乞圣慈特授一学官。”姚并非“科班出身”，经范推荐，当上寻州知州。杜衍知永兴军时，曾和渭州刺史尹洙有段对话：“你觉得姚嗣宗这个人如何？”尹洙笑道：“侠。就算他以白衣之身入翰林院，我也不会感到奇怪；但凭他生猛的性格，就算减死一等、流放海南岛也不委屈。”姚嗣宗后来听说，对尹洙隔空作了个揖，赞道 :“知我者，老尹也。”姚没见多少诗，人称“关右诗豪”;没见打仗，可“有武力，能除虎豹”的名声在外。

姚嗣宗知恩图报，曾救为辅助上司刘沪修筑水洛城的董士廉一命。

诗写在平凉的墙上，扬名也是从平凉开始。不知何人竟将第二首诗刻在崆峒石崖上，天南海北的人看见了总要抄录吟诵，姚嗣宗这个名字也被人们默念几遍。

4. 安国古城址

安国古城址被文物部门鉴定为宋代城址。在崆峒区安国镇东沟村。古城址东至河床台地边东路旁，南至 312 国道线北台地，西至西北路边，北至泾河南岸边。南北长 740 米，东西宽 620 米，总面积 45.88 万平方米，呈长方形，系夯土板筑而成。北城墙大体尚存，宽 9 米，残高 4 米 ~ 7 米。城内农田地表散布有大量砖瓦片、雨点纹灰陶片。1989 年，该城址被列为县级文物保护单位。

5. 安定城楼

到了泾川，文人们也许会想起李商隐，找寻他当年的《安定城楼》。文人们大多是喜欢李商隐的，他是个“刻意追求诗之美”的人，一些缠绵悱恻的爱情诗和无题诗，将人与人的距离拉近 ；文人们一般都同情李商隐，10 岁前后父亲去世，自我奋斗考取了进士。应泾原节度使王茂元的聘请做幕僚，因为太喜欢也太欣赏他的才华，才将女儿嫁给了他。最终，好事在泾州，好诗在泾州，坏事也在泾州：泾州这桩婚姻将其拖入“牛李党争”的漩涡，泾州《安定城楼》让他成为不朽的诗人。

今天，楼是看不到了，只有默诵：“迢递高城百尺楼，绿杨枝外尽汀洲。贾生年少虚垂涕，王粲春来更远游。”在他走过的脚印上走走，细细辨认，这里还有修岳阳楼的滕子京的脚印，有范仲淹的脚印。

6. 陇东窑洞

《山海经·大荒西经》记西王母：“有人戴胜，虎齿，有豹尾，穴处……”今遗存有古代窑洞的遗迹，民居窑洞就是“穴处”的传承和发展。《中国风俗》记载：安定以西，山高土厚，“土人大半住土窑，窑或一层，或二层，即《毛诗》之‘陶复陶穴’也。窑上不是原田，即是孔道。袁子才《诗话》载土窑诗话云：‘风雨不向窗中入，车马还从屋上过。’可以互证”。黄土层厚，黏性较强，不干不湿，就地势凿为深坑，挖壁为孔，类似原始的洞穴，冬暖夏凉，挡风避雨。早在先周时期，平凉一带的先民们就根据黄土高原沟壑区的地理条件，挖掘不同形式的窑洞，构筑风格各异的庄院为住所。

沿泾河两岸山崖间，那些简易自然的“穴洞”，随处可见；塬上的窑洞一般是靠沟边、依山坡、就崖壁之势，挖掘窑洞而居，称为“崖庄”；有的村落，依山靠坡分布着一排排窑洞庄院，庄

旧窑洞改做牛圈

上有庄，窑上有窑，酷似拔地而起的“楼房”，人们称之为“架板庄”；在原区，窑洞庄院的建造别具特色，农户向平地下掘一个很深的方方正正的大坑，再向四壁挖掘一孔孔窑洞，好像一个地下“四合院”，称为“地坑庄”，仿佛“地道”一般，地面上腾出大片土地，常作晒场。节省出的土地，有的还种上树。歌谣有“土里生，土里长，打个洞洞住土房”。这便是陇东窑洞。

7.“陇上窑”

华亭人爱称华亭为“煤都”“磁都”，犹如平凉人喜欢说平凉为“旱码头”。翻看历史，追寻华亭人的陶瓷崇拜，你必须得佩服华亭人的自信。

史载，秦虞阏父在周朝做陶正时，曾在华亭烧制土瓷。我国第一部陶瓷名著《陶说》中，有“平凉华亭，宋元皆有窑址”的记载。在《中国陶瓷史》宋、辽、金陶瓷窑址分布图上，甘肃区域仅标有“华亭”一处。明清时期，“陇上窑”“安口窑”名驰天下，以烧制青瓷器物最具盛名，这是华亭陶瓷的鼎盛时期，产品供不应求，行销西北5省及全国各地。到了民国时期，华亭安口窑成了重要的制瓷基地，当时有瓷窑50余座。

陶瓷是水火土相克相生的产物，华亭陶瓷生产户视陶瓷为圣物神器，即使对废旧残破的陶瓷也舍不得扔掉，用瓷片铺成屋台小径，用破损的陶缸瓷罐垒成院墙。凡生产陶瓷的地方都要修祠建庙，虔诚供奉。凡装窑和点火烧窑前，都要到陶神庙去烧香磕头，并确定庙会日，年年过会，祈求神灵保佑。明代嘉靖年间，赵时春曾写过一篇《陶神庙碑》文。今天，走进华亭任何一个普通家庭，他们很少用金属和塑料做用具，锅碗瓢盆瓶勺罐缸，乃至工艺装饰品，都是陶瓷的。现在，除保留手工粗瓷、细瓷等传统产品外，还研制出具有地域特色的工艺瓷、艺术瓷等新产品。到华

安口瓷器

亭旅游，也许你想收藏一套陶瓷茶具。

8. 平凉会盟坛

平凉会盟坛在平凉市西郊柳湖镇八里村。唐德宗贞元三年（787）四月，唐与吐蕃之“平凉会盟”变成“平凉劫盟”。这个临时筑起的会盟坛，经受了千年的风雨侵蚀，保留着一段历史的记忆。骆元光获得了皇帝赐姓“李”的最高荣誉，李元谅终于被后世尊奉为崇信的城隍爷。

9. 吴王坟

吴王坟在庄浪县水洛镇崖王村，旧称“吴王坟山”，是抗金名将吴玠的墓葬遗址。清《静宁州志》载：“四代丘垄咸在焉”。现仅存石猴、石羊及碑座等文物。1993 年被评定为省级文物保护单位。

【人物档案】吴玠（1093—1139） 德顺军陇干（今甘肃静宁）人，父吴扆葬于水洛（今属庄浪），遂迁居。未冠，以良家子从军。因军功升为泾原路第十将、泾原路兵马都监，兼知怀德军、忠州刺史、泾原路马步军副总管。富平之战后,吴玠受命为都统制。绍兴元年(1131)三月,和尚原大战后被任命为镇西军节度使。绍兴二年，任宣抚处置司使都统制，节制兴、文、龙三州，驻军河池（今甘肃徽县）。次年正月，金兵先后攻取金州、洋县，直攻饶风关（今陕西石泉县）。吴玠大败金兵后被加封为检校少保充利州路阶、成、凤州制置使，驻守仙人关。绍兴四年（1134）二月，吴玠与吴璘联合指挥了著名的仙人关大战，击败了宗弼率领的10万金兵。朝廷以其功高，授特进、开府仪同三司、迁四川宣抚使。绍兴九年（1139）六月二十一日，吴玠在仙人关病逝，年仅四十七岁。高宗为其辍朝两日，特赠少师，后谥号“武安”。九月，吴玠葬于德顺军水洛城。十一月，高宗听闻吴玠家“颇贫”，于是赐其家钱三万缗。绍兴十年（1140）正月，高宗下诏在仙人关为吴玠立庙，号思烈。淳熙三年（1176），宋孝宗追封为涪王，位列南宋异姓七王之一。

10. 泾河

泾河默默地流着，演绎着故事，编织着梦。《诗经·谷风》：“泾以渭浊，湜湜其沚。”留下了“泾渭分明”的成语。南北朝庾信《和张侍中述怀诗》：“木皮厚三寸，泾泥五斗浊。”后来，“清”“浊”问题，好像是辨别一个人的身份，又似乎在证明着一个人的品行。清乾隆五十五年（1790），乾隆皇帝忽然降旨平凉知府胡纪谟，让其亲勘泾河之清浊，据实上报。这条发源于六盘山腹地马尾巴梁的泾水，也曾进入皇帝的梦中。

泾河流经宁夏、甘肃、陕西3省28个县（市、区），在陕西高陵与渭河相汇，东流入黄河；渭河源于渭源县鸟鼠山，流经甘肃、陕西两省22个县（市、区），至潼关入黄河。

来平凉，不在泾河边走走，你一定会留下遗憾。沿着泾河，是一条路。无论是金戈铁马还是驼铃声声，走在路上的人都是做梦的人。现在，开辟了泾河大道，沿泾河两岸长起了树木芦苇，鸟儿飞去又飞回，也在那里筑巢，在那里筑梦！

【逸闻趣事】“泾渭清浊”辨　胡纪谟接“踏勘泾水清浊”圣旨时，任平凉知府职还不到一年，平凉的“四角”还没有踏到，未免有些紧张。他急匆匆地在衙役的陪伴下，从平凉溯流而上，直达泾河老龙潭，后又从老龙潭顺流而下，写成《泾水真源记》呈报：“水自峡中出，流入大川，晶莹明净，沙石可数。”最后感慨“泾水有灵，不甘久匿其面目，俾数千年清浊混淆，一旦蒙污尽洗，亦从来未有之遭逢矣。”胡纪谟似乎很得意，好像是他平反了冤假错案，才让世人看清“汪洋千里无尘滓，不到高陵不受诬”的泾水。乾隆帝读了胡纪谟的《泾水真源记》和诗后，欣而笑曰：“泾渭之清浊，此可昭然也。”自此，“泾清渭浊”算是皇帝御定。但后来，《辞源》《辞海》以及许多词典、诗文继续辨着泾渭之“清”“浊”。著名历史地理学家史念海指出：“泾渭两河的清浊问题并不是一成不变的。”“春秋时期是泾清渭浊，战国后期到西晋初年却成了泾浊渭清，南北朝时期再度成为泾清渭浊，南北朝末年到隋唐时期又变成泾浊渭清，隋唐以后又成了泾清渭浊。”他认为，泾渭清浊的历史变化，与当地植被的保存与毁坏以及水土流失严重有密切的关系。不同历史时期在泾水和渭水上游开发程度的不同，导致了这两条河流含沙量的变化。

我无意中看到“隋唐以后又成了泾清渭浊”一句，我以为是唐代魏征梦领天旨，斩了私改雨簿的泾河老龙，泾水才变清了。不信你看唐代李朝威写的《柳毅传书》的故事，就知道泾河龙王和他的儿子的德行。牧羊女和书生哀婉而离奇的爱情，正是多少人的梦。

11. 葛家洞

葛家洞位于庄浪县永宁乡葛峡村东北，距庄浪县城 30 千米的关山深处。石窟洞北依石山，南临屯子河，东为深浅子沟，西为大峁板沟，分布面积约为 500 平方米，有洞窟 4 座，均为方形平顶窟，石窟最高处为太上老君庙龛，上残存明代风格泥塑像两尊。《静宁州志》载：“葛家洞，距陈家洞南五里，或谓即葛仙翁（葛洪）修道（炼丹）处，崇山峻岭，别开洞壑，峰高谷深，壁间时挂流云，谚云：‘云立则雨，云卧则晴’。”传葛洪被尊为“云台祖师”，在洞归隐期间著书立说，撰写成医学名著《肘后方》。

十八、游有余地

1. 隍庙游

城隍庙，原本是祭祀守护城池之神的地方，当地百姓认为城隍爷能主持公平正义，所以被尊为“神”。现在，保存下来的城隍庙多成为“文玩”市场。有时间逛逛，一方面看建筑艺术，一方面碰碰运气，说不定还能“捡漏”“淘宝”。

走进城隍庙，得知道它的相关历史。汉将纪信假扮成汉王，为解救刘邦被项羽烧死。刘邦得天下后，封纪信为十三省总城隍，在长安建庙立祠，每年农历二月初八祭祀。文景二帝时期，又将纪信封为城隍神，成为长安城的保护神。唐宋时城隍神信仰滋盛，宋代列为国家祀典，并有了寝殿。相传朱元璋称帝之前，曾宿城隍庙而幸免大难，称帝后，于洪武元年（1368）下旨，封都城隍为监察司显佑王，正一品，与朝廷的“三公”和左右丞相平级；封府城隍为正二品，州城隍为正三品，县城隍为正四品。正是在

平凉城隍庙

这一时期，各州府县纷纷修建城隍庙。洪武三年，朝廷颁布了专门祭祀城隍的典章制度，并下诏去除了城隍封号，封京都城隍为“都城隍”，其他只称某府某州或某县城隍。

平凉市是道源圣地，对道教体系的城隍爷非常重视，因为品级高，又能监察当地官员，认为“治明治幽”，职责相同。官员莅任，都会率众到城隍庙“祭神誓告”，祈求风调雨顺，国泰民安。

平凉市城隍庙，位于平凉市东大街南侧，占地 4850 平方米。始建于明洪武年间，现存建筑系原城隍庙寝宫，位于整个建筑群中轴线的最后面。原庙门坐北朝南，面阔 5 间，166.17 平方米，为歇山式大屋顶建筑。清同治初，平凉城隍庙遭兵燹损毁，光绪二十九年（1903）曾补葺一新，其后，原有脊兽、檐下斗拱等遭破坏。1994年曾大规模维修、扩建，新增书画、古玩市场，占地5200平方米。1993年，平凉市城隍庙被列为省级文物保护单位，1994年被列入平凉市十大游览区，是最大的文化旅游购物活动中心。

泾川县城隍庙，位于泾川县城安定街北侧。始建于明洪武三年（1370），清道光十年（1830）、光绪七年（1881）曾做过较大的修复。建筑群坐北向南，为长方形，南北长92.50米，东西宽36米。现存拜殿和寝殿。正殿5开间，宽15米，进深9米，巨型木架结构，单檐歇山顶，明柱，饰有斗拱。寝殿亦为5开间，宽15米，进深8米，木架结构，单檐悬山顶。两殿结构坚固，气势宏大，有明显的元代建筑风格。为省级文物保护单位。

静宁县城隍庙，址在州署之西（今县政府西工会址）。是明洪武五年（1372），由知州欧阳信将宋、元时的吴玠吴璘祠改建为城隍庙，奉吴璘为“城隍爷”。成化年间增修，正庙明3间暗5间、寝宫5间，各塑神像。东西廊各7间，绘塑6曹。中门3间，大门3间，旁边各有像，“辉煌炫耀，诚一州伟观”。自是而后，多次重修。其形制和兰州隍庙极其相似，只是规模略小，是典型的明代隍庙格局。坐北向南，由位于中轴线上的寝宫、大殿、卯时楼、戏楼、中门、头门及两廓、配殿等组成。总计城隍庙内：殿庑楼轩等各种建筑物共95间，塑像44身。静宁老人们爱说中门的一副对联：“好大胆敢来见我，快回头莫去害人”，匾额：“你也来了”。

1993年7月，城隍庙迁于西关今址，总面积2615平方米。

灵台县城隍庙，建于天启四年（1624），于每年八月初二城隍神诞辰，依“旧例演戏十日，宰牲报神”。有正月初一读书人家“向文昌、城隍庙礼敬”的风俗，其他缺载。

崇信县城隍庙，即武康王庙，又名李元谅寝宫（见前）。

庄浪县城隍庙，据《庄浪县志》记载：城隍庙（今庄浪县南湖镇）为明洪武三十一年（1398）知县高成修建。1942年，静宁庄浪调整行政区划，水洛划归庄浪。庄浪县治移水洛，自然仍以刘沪为“隍爷”（参前）。

华亭市城隍庙，始建年代无考。据《华亭县志》记载：“顺治七年（1650）知县杨荣胤督士民重修。”明嘉靖年间，赵时春有“过城隍庙”的记载。民国时华亭幸邦隆曾为华亭市城隍庙写对联:“善恶难瞒不必阶前多叩首,瑕瑜澈见岂容堂下久摇舌。”“善报恶报迟报早报终须有报，天知地知你知我知莫谓无知。”其他缺载。

2. 封地游

灵台县南部山区有个百里乡，它的名字源于百里子或百里，现居住着1万多人口。早在商朝帝辛(纣)时,这里是密须国国都。周文王伐密灭其国，其地属周。武王克商，封同姓为诸侯，建密国都密城。该地西周古墓众多，发掘出土的文物达数百件，其中出土西周大铜鼎重达43公斤，有铭文，铸造工艺精湛，为本县最早青铜器。1982年在南将台出土一批窖藏文物，共84件。

3. 乡村游

平凉旅游，除了有“A”字招牌的风景区外，还有一些乡村旅游正在引起人们的兴趣。

泾川县王村镇刘家沟村，每年盛开的油菜花像给大地铺上了一张金色的地毯，点缀出美丽乡村的无限风情。

静宁县界石铺镇李堡村，每年三月下旬至五月初，桃花、杏花、梨花、苹果花次第开放，村庄被包裹在花海之中。该村是早酥梨的集中栽植区域，也是312国道沿线梨花的最佳观赏区域。春风拂过，花絮漫天飞舞，梨花竞相开放，成为最靓丽的风景。

灵台县中台镇康家沟，有跑马场、民俗文化馆、真人“CS”野战基地、笼式足球场、篮球场、生态采摘园，让游客亲近自然、享受阳光、挑战自我、感受童年。

庄浪县通化镇陈堡村，因地处关山林缘地带，四面环山，向东1千米处就是庄浪名胜风景区陈家洞。该村原生态民俗文化体验园分水车公园、百草园、乡村记忆园、民俗体验园、古军事园等。

庄浪县韩店镇石桥村，这里的一山一水，一草一木，一石一叶，乃至鸟叫蛙鸣，彩云薄雾，烛光暗香，晨钟暮鼓，无处不显禅意。在这里，可以感受生活的恬淡和闲适，亦可体验丝路文化、红色文化、驿站文化。

崇信县锦屏镇梁坡村改造农户庭院，打造乡村原生态主题民宿3家，建成以崇信刺绣、挂件、手工作品为主的特色店铺12家，与龙泉寺、文化三馆、汭龙堡等景区融为一体，成为休闲养生的黄金旅游带。

崇信县锦屏镇平头沟村，是以牛文化为主题的“农耕部落”旅游点，老宅、草亭、木屋、石碾、栈道融为一体，各类苗木、花卉相间，在此，还可以割草喂牛，耕田挖地，近距离感受田园风光，体验农耕乐趣，留住乡愁记忆，在绿水青山之间放飞自我。

崆峒区麻武乡麻武村，依托农耕文化，建设了大美生态园，既可以休闲观光，又能体验农耕乐趣；可以进行采摘活动，也可以体验垂钓、烧烤之乐，从农耕文化里领略农民辛勤劳作背后的坚守。

崆峒区大寨乡柳沟村，有 108 个海子和 36 个水景谷坊，是休闲、康养的胜地。划船、汽车山地越野、呐喊泉、高空秋千、彩虹滑道、摸鱼池、儿童溜索，使这里不仅是年轻人的世界，也是儿童们的乐园。

华亭市安口镇高镇村，曾叫“窑头镇”，已被列入《第四批中国传统村落名录》。那里的每一孔古窑，好像在诉说着窑火绵绵的繁华；那碎瓷铺成的路上，渗透着窑户们艰辛的汗水。

【闲话闲说】平凉“八大怪”

崆峒洞多数不来　崆峒空洞，空空洞洞。除了广成子居住的广成洞，供奉老子、孔子、释迦牟尼的三教洞之外，还有玄鹤洞、归云洞、赤松洞、泾龙洞、大象洞、幽会洞、藏经洞、将军洞、八仙洞、灵猴洞、白羊洞、灰鼠洞，还有黑虎灵官洞、摸子娘娘洞等，明的、暗的、远的、近的，任你怎么也数不清。

朝那神秘测不得　平凉大小山川，没有比朝那湫更神秘的了。从春秋战国秦人诅楚到后来的严氏三兄弟，从天旱水不减、天涝水不增以至引水灌溉引不出，从天干求雨到淫雨求晴，从好奇者入水探底到岸边看水，水从哪里出又到哪里去，从默默许愿者到悄悄还愿者，每个人站到这里，总能感受到一种神秘。

松树长在塔顶盖　走遍天南海北，只有崆峒山上的塔顶长着一棵松树，是鸟的无意遗籽还是人的恶作剧，百年过去似乎永远那么大，永远那么绿，无人浇灌施肥，永葆生机，似天天与众僧、游人共语。

武将出在陇山外　平凉大地，人才济济。上古人物暂不说，单从宰相牛僧孺到文学家梁肃、赵时春、慕天颜说起，代有俊彦，已属常态，但有一件事经常引人讨论：自汉代飞将军李广一门开始到宋代与岳飞齐名的吴玠、吴璘、刘锜，还有曲珍、郭浩等武将，均出生在陇山以西的静宁、庄浪一带。

泾河美女人人爱　泾河岸边多美女，泾水滔滔育爱情。周穆王、汉武帝慕西王母的故事流传已久，龙女泾河岸遇柳毅传书到成婚，还有史书记载的梁太后、胡太后，她们都是泾河的“特产”。

苹果卖得比肉快　平凉得天独厚，靠着陇山和泾渭二流，自古为商埠重镇、皮毛集散地、茶马交易所，近年苹果走俏国内，走向世界，比平凉任何一种特产都“红”，价格高、销路快。

羊肉泡馍献贵客　平凉处古丝绸之路中段，又是农耕文明与游牧民族交汇地，烧鸡、大饼、牛羊肉一直叫响。来平凉虽然可以吃到天南海北的美味，但当地人总爱用一碗羊肉泡馍来招待客人，客人到平凉大都要吃一顿泡馍解馋。

饸饹面馆遍地开　面食是平凉百姓的最爱，从东部灵台手工面，到西边庄浪、静宁浆水面，每天少不了一顿面，但最普通又普遍、真正普及了的是饸饹面，是真正的“价廉物美”。

后 记

首先，我要衷心地感谢甘肃教育出版社及刘正东先生，能让我有重新审视、思考平凉历史的机会。我意识到了以前写作时从资料到资料的枯燥，同时也发现了书本之外的新知识；促使我再一次领略平凉的山山水水，感受平凉文化底蕴的深厚，品味平凉土地所散发的醇香。平凉的山水自有魅力，她美得光艳照人，吸引着人们的目光。她磁性的魔力，让你不得不向她靠近，你不来，似乎不由你。平凉的文化太丰富了，丰富得让你转换一个地方、调整一个视觉便会有所发现，可以挖掘出珍宝，令你兴奋，让你自豪。原以为风景总在山外，殊不知美景就在眼前。

其次，要感谢秦才郎加编辑拨冗斧正、精心润饰。初稿勉勉强强完成后，回头审视，总觉得还缺少些什么？有些地方太简单，一些文字需要配图等，秦编辑给予了真诚指导，得以及时改正。他让我明白：虽然是本导游类图书，但应该尽量避免广告式的“王婆卖瓜”，应该在考虑本书的价值取向和在写法上寻求灵活外，还应加重人文历史的笔墨，力求严谨、准确，经得住时间的考验。同时，为了增强内容的丰富性，特设了“闲话闲说”“故事新说”“人物档案”“资料链接”“名人游记”“作家笔记”等栏目。

第三，要感谢天水好友刘雁翔教授在前边探路、示范。他叙述历史时的轻松及行云流水的笔法，总能给人以启发，也让我在写作上进行了一次全新的尝试，“采着野花唱着歌”，是多么的快乐。

最后，感谢平凉市各级文化广电和旅游局的大力支持。感谢何清荣老师和杨柳、雷锋海、崔振世、吴烨、孙廷永、王志高、鲍国和、王启峰、王占奎、杨本县、王宗智、朱平、朱新民、邓胜强、杨共庆、张钦仲、寇少丽、王雅琴、高晓云等新老朋友给予的帮助，也要感谢魏鼎铭在资料收集、文字打印等方面的支持。

感谢的话说完，我没有忘记邀请读者你来这伏羲画卦、黄帝问道、秦皇汉武秘寻的“仙地”，走一走，看一看，真切地体验一下平凉的美，你也一定会有新的发现。

作者

2020 年 4 月